Verlag: BoD • Books on Demand GmbH,
In de Tarpen 42, 22848 Norderstedt
Druck: Libri Plureos GmbH, Friedensallee
273, 22763 Hamburg
ISBN: 978-3-7583-7051-9

Für alle ehemaligen Mitarbeiterinnen und

Mitarbeiter der Imation

Inhaltsverzeichnis

Vorwort…4

Kapitel I: 1952 – 1971

„Die Freuden der Pflicht!"…6

Kapitel II: 1972 – 1991

„Die ungezählte Geliebte"…48

Kapitel III: 1992 – 2011

"The Times They Are a-Changin'"…108

Kapitel IV: Ab 2012

„Vom Üben zum Handeln"…186

My Playlist 100…220

Quellen - Literatur…223

Bildnachweise…228

Mein Reich

Auf meinen Wänden

blühen Bilder

Poeten dichten

im Regal

Ich schaue lese

spreche mit den

schaffenden Gefährten

Mein kleines Zimmer

ist ein Riesenreich

Nicht herrschen will ich –

Dienen

Rose Ausländer

Vorwort

„Das darf doch nicht wahr sein, hast Du sonst gar keine anderen Interessen mehr?" Diese Frage meiner Frau, auf einem Post-it geschrieben und eingeklebt auf der ersten Seite in mein kleines Notizbuch, das ich auf unserer Reise im Sommer 2008 nach München zu schreiben begonnen hatte, kann ich heute, mit „Ja" beantworten. Ja, jetzt ist es so weit. Jetzt habe ich die Zeit und keine anderen Interessen, als ein Buch zu schreiben. Was ist mein Thema?

Ich schreibe über das, was ich wohl am besten kenne. Ich schreibe über meine Familie und mich und über die Menschen, die ich getroffen habe. Aber ich schreibe auch über den Wandel in meinem Leben, im privaten, aber vor allem auch in meinem beruflichen Leben. Und da diese Veränderungen mit Technologien, Technik und Umwelt sowie Innovationen und Fortschritt zu tun haben, nenne ich sie Transformationsgeschichten.

Dieses Buch handelt von Menschen und Medien. Mit Medien meine ich physische, anfassbare und mobile Medien, präziser gesagt Informations- und Datenträger. Mit und ohne Inhalt, bespielt und unbespielt. Medien, die ich vermarktet habe. Ich war nicht nur dabei, sondern oft mittendrin, als diese Produkte sich wandelten, sich transformierten. Vor allem von physisch und analog zu digital. Deshalb ist das auch meine sehr persönliche Geschichte darüber, wie die Schallplatte zur Playlist wurde.

Geboren und aufgewachsen bin ich im Rheinischen Braunkohlenrevier und lebe jetzt in seiner unmittelbaren Nachbarschaft. Hier ist die Transformation, der Übergang in die Dekarbonisierung beschlossen. Der Wandel hat begonnen.

Meinen sehr persönlichen Blick als Augenzeuge auf diese Veränderungen, auf die Transformationen, möchte ich in diesem Buch mit dem Leser teilen: durch Geschichten, die ich erlebt und durch Menschen, die ich getroffen habe. Zum Erklingen gebracht mit Popmusik und unterlegt mit Literatur.

In der Popmusik gibt es Künstler in meinem Alter, die immer noch Songs schreiben und im Geschäft sind. Als Beispiele nenne ich stellvertretend für viele andere Paul McCartney und Sting. Musiker, Autoren, Dichter und Literaten mit ihren Werken geben diesem Buch einen Resonanzboden und Raum für Reflexionen.

Den Text habe ich im März 2022 abgeschlossen und im September 2024 zur Veröffentlichung leicht aktualisiert. Gendersprache kommt in diesem Buch nicht vor. Als Rheinländer sage ich: *„Jeder Jeck is' anders."* Und das ist auch gut so!

I.

1952 – 1971

„Die Freuden der Pflicht!"

Wonderful Life

An einem sonnigen Kirmessonntag, es war der 10. August 1952, machte unter den illustren und ausgelassenen Bewohnern des Dörfchens Götzenkirchen folgende Neuigkeit die Runde: *„Dat Erna hätt' Zwillinge!"* Mit Erna war die Frau von Alwin Koglin gemeint, beide hat das Schicksal, Krieg und Vertreibung, ins Rheinland und an die Erft verschlagen.

Der Erstgeborene des zweieiigen Zwillingspärchens wurde auf die Namen Paul Heinrich Hermann getauft. Der Rufname Paul in Andenken an einen Bruder meines Vaters gleichen Vornamens, der im 2. Weltkrieg gefallen war. Die beiden anderen Namen waren die jeweiligen Vornamen meiner beiden Opas, die ich nie kennenlernen durfte. Der Vater meines Vaters, Heinrich, wurde 1945 auf seinem Hof in Pommern von russischen Soldaten erschossen, weil er sich weigerte, sein Hab und Gut zu verlassen. Hermann schaffte es noch in den Westen, nach Frankfurt am Main, verstarb aber dort, ein paar Jahre vor meiner Geburt.

Die Kindheit von meiner Zwillingsschwester Renate und mir wurde von den Nachkriegsjahren geprägt. Es ging bescheiden und sparsam zu. Und wir wussten damals noch nicht, dass ein glückliches, ein wunderbares Leben vor uns lag, (fast) ohne Krieg, ohne Vertreibung. Eine Zeit, die es vorher niemals auf dem heutigen deutschen Staatsgebiet inkl. der vormaligen DDR gegeben hatte. Soziologen beschreiben die frühen fünfziger Jahrgänge als „goldene Generation". Wir waren damals wenige, noch keine „Babyboomer". Für uns gab es später genügend Ausbildungs- und Studienplätze, BAföG sowie viele andere staatliche und steuerliche Vorteile. Wir sind in den sog. Wirtschaftswunderjahren aufgewachsen, in Frieden und mit wachsendem Wohlstand: *„Glöckliche Kinder"*, um es mit Thomas Mann zu sagen.

Der Start war holprig. Und ein Wunder! Denn uns sollte es eigentlich wohl gar nicht geben. *„Frau Koglin, das wird wohl nichts mit dem Kindersegen!"* So dürfte sich der Hausarzt meiner Mutter, der beleibte und freundliche Dr. Küppers, geäußert haben, als er meine Mutter, ausgezehrt und mit schwacher Konstitution, nach etlichen Jahren in russischer Kriegsgefangenschaft, untersucht hatte. Aber dann behandelte er sie mit Hormonen. Und die führten zum erwünschten Erfolg. Sogar doppelt. Dr. Küppers war dann auch bei der Hausgeburt im kleinen, feuchten ersten Heim meiner Eltern der Geburtshelfer. Meine Mutter hat uns oft erzählt, dass diese Geburten eine Tortur waren. Aber sie hat nie geklagt, Jammern bei ihr gab es nicht.

Home

Beide Elternteile haben je ein Drittel ihres ersten Lebens in Pommern verbracht. Im westlichen Hinterpommern und heutigen Polen. Sie haben uns Kinder davon erzählt, nicht sehr oft, denn sie wollten nicht zurückschauen. Sie wollten auch nie nach dem Krieg zurück in ihre alte Heimat. *„Da ist doch sowieso alles zerstört. Unser Hof steht nicht mehr. Das will ich gar nicht sehen!"*, so meine Mutter.

Aber Kinder sind ja neugierig. Ich habe doch einiges, Geschichten und Erinnerungen, aufschnappen können. Besonders, wenn die Familien beisammen waren, es Familienfeste zu feiern gab. Beim Skatspiel der Männer, rauchgeschwängert, bei Schnaps und Bier, wenn die Zunge sich löste und es leichter fiel, Geschehnisse aus der Heimat zu erzählen: *„Weißt du noch, damals, kannst du dich noch an den oder an die erinnern? Wie haben wir das alles nur überstanden? Wir leben noch!"*

Mein Vater Alwin Koglin war der Jüngste zu Hause, das letzte von sechs Kindern, den seine Mutter Alwine am 6. August 1913 zur Welt brachte, 16 Jahre nach der ältesten Schwester Olga. Durch diesen „Generationensprung" hatten wir später väterlicherseits Cousins und Cousinen, die wesentlich älter und längst verheiratet waren, während wir noch Kinder waren.

In dem kleinen Ort Rotzog (heute polnisch: Rosocha) in Pommern wuchs mein Vater auf. Die knapp 300 Einwohner brauchten Nahversorgung und ein Platz für Feste. Diesen Service bot mein Großvater. Neben seinem Bauernhof gehörte ihm das einzige Lebensmittelgeschäft im Ort, er hatte das Schankrecht und stellte den Tanzboden, wenn es für die Rotzoger etwas zu feiern gab. Die älteren Brüder meines Vaters lernten Handwerke oder wurden Beamte und Kaufleute, seine beiden Schwestern heirateten – und so blieb mein Vater zu Hause, als Nachfolger vorgesehen für die Landwirtschaft, den Lebensmittelladen und den „Bürgertreff".

Viel größer mit knapp 3.000 Einwohnern war die Nachbarstadt Pollnow (heute polnisch: Polanów) im Kreis Schlawe, ein paar Kilometer von Rotzog entfernt. Und dort wurde am 21. Februar 1920 meine Mutter geboren, als älteste von vier Geschwistern auf dem Bauernhof ihrer Eltern Marie und Hermann Holzfuß. Meine Oma übte vor ihrer Heirat den Beruf der Handarbeitslehrerin aus und war sehr geschickt in allen hauswirtschaftlichen Tätigkeiten. Praktische Kenntnisse und Lösungen für alles im Haushalt, die sie an meine Mutter vererbt hat.

Mein Vater hat wohl schon in jungen Jahren ein Auge auf dieses Bauernmädchen aus dem Nachbarort geworfen. Es dauerte dann etwas länger mit dem Kennenlernen. Ein Jahr vor Ende des zweiten Weltkriegs heirateten meine Eltern, am 2. März 1944. Auf dem entsprechenden Hochzeitsfoto trägt mein Vater seine Uniform. Danach verloren sich die beiden aus den Augen. Mein Vater musste zurück an die Front nach Russland, meine Mutter blieb zu Hause in Pollnow, um sein Leben bangend.

Die Heimat meiner Eltern habe ich nie besucht. Vielleicht aber doch, wenn auch nur als aufmerksamer Leser. Der Historiker Christian Graf von Krockow, in Pommern geboren und die Publizistin Marion Gräfin Dönhoff, aus Ostpreußen stammend, haben in ihren Büchern über das Leben im Osten und über den Krieg und die Vertreibung berichtet. Eduard von Keyserling möchte ich erwähnen, der über seine baltische Heimat im vorletzten Jahrhundert lesenswerte Romane und Erzählungen geschrieben hat. Abgerundet wird dieser literarische Kanon durch Theodor Fontane, den poetischen Landschaftsmaler und imposanten Menschenerfinder aus Ruppin in der Mark Brandenburg. Sein märkischer Sand liegt zwar etwas weiter westlich als die pommersche Sandbüchse, aber was er geschrieben hat, könnte auch in Hinterpommern geschehen sein. Dabei sticht sein letzter Roman „*Der Stechlin*“ heraus. Der alte Dubslav von Stechlin, Besitzer des gleichnamigen Sees und Ortes sowie Bewohner des dortigen Herrenhauses, hat den kommenden Wandel vorausgesehen, den Niedergang des Adels, das Aufkommen der Demokratie und das Erstarken der

Sozialdemokraten. Melusine, die smarte Schwägerin von Dubslavs Sohn Woldemar sagt als Schlusswort im Roman: „*Alles Alte, soweit es Anspruch darauf hat, sollen wir lieben, aber für das Neue sollen wir recht eigentlich leben.*"

Ich bin mir sicher, dass auch die Höfe der Familien meiner Eltern in Pommern aus ehemaligem Eigentum von Gütern entstanden sind. Und ich weiß, dass meine Eltern diesen letzten Satz von Melusine gelebt haben, in der zweifachen Heimat, in der alten und in der neuen, in der ersten und zweiten!

My Sweet Lord

Meine Eltern haben in ihrem Leben eine dramatische, existenzielle Transformation durchlitten und überlebt. Dieses technische Wort ist hier fehl am Platz. Sie waren Vertriebene und Kriegsgefangene. Meine Mutter wurde als Zivilistin und 25-jährige Frau nach Russland an den Ural verschleppt. Mein Vater als Soldat von der Ostfront ging in die russische Kriegsgefangenschaft. Über diese grausame Zeit schwiegen beide, wie so viele aus ihrer Generation.

Es war kein beredtes Schweigen, nein ein stilles Schweigen! Gedanken und Erinnerungen aus dieser Zeit wurden unterdrückt, blieben unausgesprochen. Mein Vater erzählte aus dem Krieg nur die Geschichte, dass er bei einem Treffer unverletzt blieb, weil seine Erkennungsmarke getroffen wurde. Meine Mutter berichtete, dass in ihrem Lager die Schwester meines Vaters, Amanda, ums Leben kam, sie Augenzeugin ihres Leidens, ihres Todes wurde. Die anderen Grausamkeiten, Hunger, Arbeit bis zur totalen Erschöpfung, körperliche Misshandlungen und Vergewaltigungen, darüber schwieg sie. Darüber konnte sie nicht sprechen, nicht zu uns Kindern.

Nach dieser Tortur, dem Tod im Lager entkommen, folgte die Flucht. Vertreibung aus der Heimat, Gefangenschaft und jetzt Flucht. Vom Ural über tausende von Kilometern, in Zügen, wohl auch zu Fuß, in Richtung Westen. Ergebnis der Verträge zur Gefangenenrückführung der Siegermächte und später der ersten Bundesregierung unter Kanzler Adenauer mit Russland.

Ausgezehrt, krank, meine Mutter mit Wasser in den Beinen, aber überglücklich, lebend, haben sich die beiden wiedergetroffen. Ich glaube, im Jahr 1948 im Rheinland, ca. dreißig km westlich von Köln, in Boisdorf bei Bauer Schmitz. Auf seiner Flucht hatte mein Vater wohl erfahren, dass seine Schwester Olga mit ihrer Tochter Wanda und Enkelin Heidi, deren Mutter Ella den Krieg nicht überlebt hat, ins Rheinland geflohen und dort untergekommen waren. Mein Vater wurde Knecht bei Bauer Schmitz, meine Mutter Magd.

Ihr zweiter Lebensabschnitt begann bei null. Sie lebten, hatten Arbeit und ein Scheunendach über dem Kopf. Mein Vater konnte gut mit Arbeitspferden umgehen, denn so viele Landmaschinen gab es noch nicht, so kurz nach dem Krieg.

Wie hat meine Mutter diese Zeit überstanden, überlebt? Woran hat sie sich geklammert? Was hat sie gerettet? Darauf gibt es nur eine Antwort: Ihr Glaube, ihr Glaube an Gott, der den rechten Weg weist. In vielen Stunden der Not hat sie gebetet. Und dieser Glaube hat sie ihr Leben lang begleitet. Im täglichen Tun, in den Gottesdiensten und beim Singen der Kirchenlieder. Ihr Lieblingslied war *„Ein' feste Burg ist unser Gott"*. Sie hatte eine schöne Stimme. Wir haben zu Hause oft gemeinsam gesungen, nicht nur Kirchenlieder und nicht nur zur Weihnachtszeit. Kalendersprüche des Kirchenkalenders waren ihre tägliche Lektüre. Ihr Lieblingsspruch: *„Von guten Mächten wunderbar geborgen, erwarten wir getrost, was kommen mag. Gott ist bei uns am Abend und am Morgen und ganz gewiss an jedem neuen Tag."* Diese letzte Strophe seines berühmten Gedichts hat der evangelische Theologe Dietrich Bonhoeffer 1944 im KZ-Flossenbürg geschrieben, in dem er 1945 von den Nazis hingerichtet wurde.

Our House

In seinem Buch *„ Mein Jahrhundert"* beschreibt Günter Grass unter meinem Geburtsjahr 1952, wie er mit seiner Freundin Gundel (seiner späteren Ehefrau), ein Flüchtlingsmädel aus Schlesien, Verkäuferin bei Salamander und der Fernsehansagerin Irene Koss aus dem Gesicht geschnitten, sich des Öfteren vor dem Radiogeschäft verabredete: *„Nach der Tagesschau sahen wir uns vor dem Radiogeschäft eine, wie wir fanden, witzige Sendung an, in der es um die Zubereitung von Weihnachtsstollen ging. Eingerahmt war das Teiganrühren von launigen Beiträgen Peter Frankenfelds, der später mit seiner Talentsendung „ Wer will, der kann" populär wurde. Außerdem vergnügten wir uns alle an Ilse Werner, die pfiff und sang, besonders an dem Kinderstar Cornelia Froboess, einer Berliner Göre, die durch den Ohrwurm „Pack die Badehose ein" bekannt geworden war. "*

Unser erster Fernsehapparat kam 1959 ins Haus, ins neue Haus. Nach der anstrengenden Hausgeburt von Zwillingen hatten wir die üblichen Kinderkrankheiten, bei mir etwas heftiger mit Mittelohrentzündungen und häufigen Erkältungen. 1955 zogen wir vom feuchten ersten Zuhause ins neugebaute, trockene Haus.

Wie war das möglich? Meine Eltern hatten nichts außer ihre Sachen auf dem Leib, als sie aus russischer Gefangenschaft ins

Rheinland flüchteten. Sie hatten durch Krieg und Vertreibung alles verloren und konnten dafür eine Entschädigung beantragen per Gesetz über den Lastenausgleich. Vor allem Immobilienbesitzer, die über Vermögen verfügten, zahlten eine Lastenausgleichsabgabe an diejenigen, die den Verlust ihres Vermögens beklagten.

Lotte und Elfriede, die gutmütigen Warmblüter, machten sich also auf den Weg und zogen den Umzugswagen vollbepackt mit dem wenigen Hab und Gut von Götzenkirchen ins 4 km entfernte Neu-Habbelrath. Mein Vater auf dem Kutschbock, die Zügel in der Hand, und ich neben ihm, meine Mutter mit meiner Schwester sicher auf dem Wagen verstaut.

Die Vorsilbe „Neu" bei unserem Zuhause in Habbelrath ist ein erster Hinweis auf eine Umsiedlung, bedingt durch den Kohleabbau im rheinischen Braunkohlerevier, nicht Unter-, sondern Über-Tage. In einem rechteckigen Areal für ca. dreißig Grundstücke mit Handtuchgärten konnten meine Eltern Eigentum erwerben und ihr Haus errichten – Die erste Siedlung in Neu-Habbelrath im Kreis Bergheim. Die Frechener Straße verband den neuen mit dem alten Ortsteil, der bald den Abraumbaggern zum Opfer fallen sollte.

Die wenigen Ersparnisse meiner Eltern in dieser Zeit und der Lastenausgleich reichten nicht aus, um die aufgenommene Hypothek abzubezahlen. Mieteinnahmen haben geholfen. In dieser Zeit herrschte noch große Wohnungsnot. So bot die erste Etage unseres Hauses einer vierköpfigen Familie eine Unterkunft mit 3 kleinen Räumen inkl. einer Kochnische im Wohnzimmer und einem Badezimmer. Dafür hatten wir dann unser Badezimmer im Keller mit kohlebetriebenem Heißwasser-Boiler. Erst zu Beginn der sechziger Jahre waren die beiden Töchter der Mieter, eine davon Hella mit den dicken Zöpfen, flügge geworden und die Familie hatte andernorts eine Bleibe gefunden. Die große Freiheit für meine Schwester und mich: Wir konnten endlich unsere eigenen Zimmer beziehen. Die Nächte im Schlafzimmer der Eltern oder im Wohnzimmer waren für immer vorbei!

Der technische Fortschritt hielt auch bei uns Einzug. Der Kohleherd in der Küche wich einem Elektroherd mit vier Kochplatten. Er fand seinen Platz im vorherigen Badezimmer im Keller und wurde für größere Essen wieder befeuert, z. B. zu Weihnachten. Dort wurde auch eingekocht und eingelegt, Marmeladen gekocht und Säfte gepresst. Meine Mutter verarbeitete jegliches Obst und Gemüse aus unserem Garten. Was im Frühjahr, Sommer und Herbst von hungrigen Mäulern (ich war da ganz vorne dabei) nicht frisch verzehrt werden konnte, wanderte in Einmachgläser auf die Regale des Vorratskellers. Eingekocht im großen Kessel, aus dem turmartig der klobige Thermometerstab herausragte. So dampfte und brodelte es in der Kellerküche. Und hoffentlich versiegelten die Gummiringe die Deckel auf den Einmachgläsern und blieben dicht, jahrelang!

Die bäuerliche Herkunft meiner Eltern und ihre erste Anstellung in ihrer neuen Heimat beim Bauern sorgten dafür, dass wir regelmäßig eine dampfende und stinkende Fuhre Mist mit dem Unimog von Bauer Schmitz erhielten, den mein Vater zum Düngen seines Gartens verwendete. Er bewirtschaftete sogar eine Zeitlang einen zweiten Garten in Alt-Habbelrath. Es wurden auch Schweinehälften vor Ort im Keller zu Wurst verarbeitet und eingekocht. Mein Vater bevorratete Möhren in Erdmieten im Garten für den Verzehr im Winter. Meine Mutter legte Gurken und gebratene Heringe in großen Keramikgefäßen ein. Aus heutiger Sicht umweltverträgliche Vorratshaltung, keine Verpackungen, kein Abfall und reine Selbstversorgung. Der Komposthaufen als Dünger für den Garten, von Holzbrettern umrahmt, hinter der Garage, durfte nicht fehlen und sorgte für einen natürlichen Verwertungskreislauf.

Meine Mutter war eine sehr gute Köchin, die ihre pommerschen Gerichte perfekt zubereitete. Einfache und nahrhafte Kost, sehr oft mit Kartoffeln, der „pommerschen Frucht!" Ein Beispiel *„Stampfkartoffeln mit Buttermilch"* und eins meiner Lieblingsgerichte, besonders an heißen Sommertagen: *„Knapp ein Kilo Kartoffeln werden weichgekocht und dann zerstampft. Dazu werden 100 g* *magerer gewürfelter Speck mit gehackten Zwiebeln in der Pfanne gebräunt und unter den Kartoffelbrei gerührt. Zum Würzen dienen Salz, Pfeffer und Muskat. Dieser heiße Kartoffelbrei wird in Suppentellern angerichtet und mit kalter Buttermilch übergossen."*

Die Familien hielten zusammen in der Nachkriegszeit. Krieg und Vertreibung hatten sie überstanden. Man hatte ein Dach über den Kopf und Arbeit zum Geldverdienen und Konsumieren. Aber die Integration in die neue Umgebung fiel schwer. Deshalb gehörten Familientreffen zum Alltag. Nicht nur an runden Geburtstagen. Auch in unserem Haus wurde oft gefeiert, getrunken, gegessen, viel erzählt und gelacht. Alle sprachen Hochdeutsch, wechselten dann oft bei bester Stimmung und aufkommender Sehnsucht und Melancholie zur pommerschen Heimat ins Plattdeutsche.

Bei den jeweils ältesten Brüdern meines Vaters und meiner Mutter spitzte ich die Ohren, wenn sie erzählten. Onkel Karl war Beamter und Hauptmann im Krieg. Er hatte etwas sehr Korrektes und Preußisches mit sonorer klarer Stimme und einem verschmitzten Lächeln und leuchtenden Augen. Den konnte ich mir gut als pommerscher Landjunker vorstellen. Mein Onkel Siegfried war da eher die sozialdemokratische Ausgabe. Bauernsohn und jetzt bei der Hauptpost in Frankfurt angestellt. Er hatte klare Vorstellungen und eine feine Ironie in seinen Äußerungen.

Großeltern habe ich leider nicht erlebt. Als wir meine Großmutter Marie, die bei ihren Kindern in Frankfurt am Main wohnte, besucht haben, war ich noch zu jung. Das Grab meiner Großmutter Alwine, 1949 verstorben, auf dem Friedhof in Götzenkirchen beigesetzt, habe ich jahrelang bewässert. Fahrradtouren zum Gießen des Grabs gehörten zu meinen Sommerpflichten. Ich höre noch heute den Aufschrei meiner Mutter, als sie 1956 das Telegramm aus Frankfurt mit der Todesnachricht ihrer Mutter erhalten hat.

Working in a Coal Mine

In meinem DIN A5-Zeugnisheft der Volksschule im gelben Umschlag wird als Beruf meines Vaters „*Bergarbeiter*" angegeben. Das ist falsch. Wahrscheinlich hat sich die Schulverwaltung oder meine erste Lehrerin gedacht, Väter aus Neu-Habbelrath können nur bei „*Rheinbraun*" (verkürzt) arbeiten. Damit sind die „*Rheinischen Braunkohlenwerke*" gemeint, eine 100%-ige Tochter der „*RWE AG*". Arbeiter stimmt allerdings. Im „*Elektroschmelzwerk*" in Grefrath, dem Nachbarort. Die Nähe zu den Kraftwerken aus der Verstromung der Braunkohle mit günstigen Stromkosten als Standortvorteil. In diesem Werk wurde

Siliziumkarbid geschmolzen als Rohstoff für feuerfeste Heizelemente, zum Einsatz in der optischen Industrie und als Halbleitermaterial für Photodioden und Leistungselektronik. Das Werk gibt es noch heute in Grefrath, nur die Eigentümer sind andere als damals.

Nach seiner Tätigkeit als Landarbeiter fand mein Vater dort eine Anstellung bis zu seiner Vorruhestandsrente im Jahr 1976. Eine glückliche Fügung nach seiner Odyssey! Ausgestattet mit einem Arbeitsvertrag und dem Tarif der IG Chemie.

Sicher, eine schwere Arbeit – am Schmelzofen im Schichtdienst. Fünf Uhr morgens aufstehen und mit dem Fahrrad die wenigen Kilometer zur Arbeit. Die damalige Eigentümerin, das Familienunternehmen *„Wacker Chemie“* aus Bayern, stellte Werkswohnungen zur Verfügung, eine Kantine und sogar ein Erholungsheim für seine Beschäftigten, eine Villa in Bad Schachen am Bodensee. Dort machten wir unsere einzigen beiden Familienurlaube, abgesehen von zahlreichen Besuchen der Verwandtschaft, die väterlicherseits im Münsterland und mütterlicherseits in Frankfurt am Main wohnte.

Besonders in Erinnerung geblieben sind mir die späten Mittagessen, die anfangs meine Mutter bereitete, bevor die werkseigene Kantine diese Rolle übernahm, wenn mein Vater nachmittags von der Arbeit kam. Und wir Kinder dann vom Piratenteller noch einmal mitessen konnten. Bei Schichtdiensten am Sonntag, für die es Zulagen gab, brachte unser Vater immer Bonbons aus dem firmeneigenen Kiosk mit, auf die wir uns freuten, wenn wir schon sonntags auf unseren Vater verzichten mussten.

Glücklich und zufrieden mit seinem Leben konnte mein Vater nach Beendigung seiner Beschäftigung als Vorarbeiter im Elektroschmelzwerk noch 31 Jahre seinen Ruhestand mit gesetzlicher sowie betrieblicher Rente genießen.

Start Me Up

Im Frühjahr 1959 wurden meine Zwillingsschwester und ich eingeschult. In ein neu errichtetes Schulgebäude für die beiden ersten Grundschulklassen - in Sichtweite unseres Hauses. Da standen wir nun mit unseren gefüllten Schultüten und starteten unsere schulische Laufbahn.

Ein Jahr zuvor hatten wir Glück, noch auf den letzten Drücker für ein Jahr in den Katholischen Kindergarten gehen zu können. Vorschulische Einrichtungen in den fünfziger Jahren gab es noch nicht so viele, aber viele Kinder schon.

Unsere Klassenlehrerin in den ersten Schuljahren war (wirklich) ein Fräulein, nicht verheiratet und kleinwüchsig. Für gute Leistungen in der Schule verteilte das Fräulein Fleißkärtchen. Bei gesammelten zehn Fleißkärtchen überreichte sie den Schülern feierlich und lobend im Austausch ein Heiligenbildchen. Sie war sehr gläubig und sie lebte uns das auch vor. Ihr bereitete es mehr Schmerzen, einen Schüler zu maßregeln, ihm gar leicht mit dem Lineal auf die Finger zu schlagen als dem Schüler selbst. Es handelte sich immer um Jungen, die den Unterricht störten, nicht aufpassten oder ein Schwätzchen hielten. Gar bizarr wirkten diese Szenen des Schimpfens und Scheltens, wenn sie, klein, zierlich und zerbrechlich, vor Schülern stand, die mindestens drei Köpfe größer waren als sie, in der fünften Klasse der Volksschule, dreimal sitzen geblieben und im letzten Jahr kurz vor ihrem Abschluss.

Durch häufige Krankheiten in der körperlichen Entwicklung eingeschränkt, blieb ich bis zur fünften Klasse in der Volksschule, bevor ich dann auf die Realschule in den größeren Nachborort nach Horrem wechselte. Die letzten drei Schuljahre ging ich in die Volksschule im alten Ortsteil von Habbelrath. Ein schon in die Jahre gekommenes Gebäude mit knarzenden Dielen und nach Bohnerwachs riechend. Mit einem Wasserlöschteich auf dem Schulhof. Selbstverständlich war das eine katholische

Volksschule. Die wenigen evangelischen Schüler, das waren meistens Kinder von Vertriebenen, hatten evangelischen Religionsunterricht, in unserem Falle von einer Religionslehrerin.

Mein Schulfreund Rainer, der auch in der gleichen Neubau-Siedlung wohnte wie ich, verließ die Volksschule nach der vierten Klasse und ging aufs Gymnasium in die Nachbarstadt Frechen. Mit ihm verbrachte ich die meiste Zeit. In der riesigen Brachlandschaft vor unserer Haustür, einer bereits ausgekohlten und wieder zugeschütteten Abraumfläche des Frechener Tagebaus, erforschten und bauten wir unseren Abenteuerspielplatz, bevor sich dann Neu-Habbelrath durch Straßen und weiter erschlossene Baugebiete dort ausbreitete.

Rainer war ein mitunter rauflustiger Freund. Wir vertrugen uns immer gut, aber mit älteren Schülern geriet er regelmäßig in Streit. Auf dem Heimweg von der Schule flogen die Ranzen zu Boden und dann die Fäuste. Er war hochgewachsen und überragte sehr oft ältere Mitschüler, die ihr Mütchen kühlen wollten und zumeist den Kürzeren zogen. Fahrradfahren und vor allem Sport waren unsere Lieblingsbeschäftigungen nach der Schule. Und natürlich Lesen. Die Werke Karl Mays sowie *„Lederstrumpf"*, *„Onkel Toms Hütte"*, die ersten Leseerfahrungen, die wir teilten.

We are the Champions

Fußball auf den Rasenflächen, rund um die neu erbaute Mehrzweckturnhalle, gehörte zu unseren liebsten Freizeitbeschäftigungen. Jeden Tag wurde gekickt! Manchmal so lange, bis ich vor lauter Krämpfen in den Beinen nicht mehr laufen konnte.

Am Rand des Spielfelds stand oft ein kleiner, schmächtiger Junge und wollte mitspielen. Großzügig, wie wir Älteren waren, ließen wir ihn gewähren. Dieser kleine schwächliche Junge hieß Gerd Strack und wurde dann ein baumlanger, elegant spielender und kopfballstarker Vorstopper und Libero, Spieler beim 1. FC Köln. An den vier bis heute letzten Titeln des FC war er beteiligt: an den Pokalsiegen 1977 und 1983 sowie an den Triumphen im größten Jahr der Klubgeschichte: dem Gewinn von Meisterschaft und Pokal 1978. In der legendären Zeit mit Trainer Hennes Weisweiler in den siebziger Jahren. Jupp Derwall holte ihn in die Nationalmannschaft. Im letzten Spiel zur Qualifikation zur EM in Saarbrücken gegen Albanien köpfte Gerd Strack in der 80. Minute das entscheidende Tor zum 2:1 Damit war die deutsche Nationalmannschaft für das EM-Turnier 1984 in Frankreich qualifiziert.

Die Eltern führten einen Friseur Salon für Damen und Herren im alten Ortsteil von Habbelrath. Ich habe mir dort aber nur einige Male die Haare schneiden lassen. Der Grund: Vater Strack und die

25

dort wartende männliche Kundenschar gerieten oft so in Wallung, wenn sie nicht über Politik, nein, über Fußball redeten, debattierten, stritten, dass mitunter sogar Kamm und Schere im Waschbecken landeten, da auch die Hände zusätzlich zu den Beinen benötigt wurden, um zu demonstrieren, wie z. B. Uwe Seeler einen Kopfball traumwandlerisch sicher im Netz des Gegners versenkt hatte. Das dauerte mir oft zu lange. Dann bin ich doch lieber zum anderen Dorffriseur gegangen, Salon Schuh, direkt neben der Volksschule.

Bis 1966 spielte Gerd Strack für seinen Heimatverein „*Sportfreunde Glückauf Habbelrath-Grefrath*", danach für „*Frechen 20*", wo er als Zwölfjähriger von Reiner Calmund trainiert wurde. Am 21. Mai 2020 ist Gerd Strack an einem Herzinfarkt gestorben.

Wie Gerd Strack spielten auch Rainer und ich bei den „*Sportfreunden Glückauf Habbelrath-Grefrath*", in der C- bis zur A-Jugend. In dieser Phase wurde ich zum Brillenträger. Mit Brille war nicht zu spielen, ohne Brille war ich „blinder" als eh schon. Und damit die Fußballkarriere mit 18 Jahren bei den Sportfreunden vorbei.

Herr Stegemann aus der Mannschaft der „*Alten Herrn*" trainierte uns. Seinen sehr speziellen Schweißgeruch rieche ich noch heute. Besonders in Erinnerung geblieben ist mir allerdings

„*Iwan*", der Wirt unserer Vereinsgaststätte „*Schöneck*". Ich bin davon überzeugt, dass Iwan ganz anders hieß, hat es ihn und seine Familie doch aus Jugoslawien nach Habbelrath verschlagen. Der Rheinländer ist halt flott mit der Vergabe von Spitznamen.

Iwan besaß einen in die Jahre gekommenen VW-Bus, mit dem er uns regelmäßig sonntags zu den Auswärtsspielen, die Sollstärke an Passagieren regelmäßig überschreitend, chauffierte. In die kleinen Dörfer des Kreises Bergheim. Entweder zu Vereinen mit Fußballplätzen aus rotem Schotter oder mit Rasen. Beim Schotter sollte man möglichst nicht fallen. Damit habe ich mich als Stürmer und Linksaußen leichtgetan. Bei Rasen musste ich allerdings höllisch aufpassen, dass ich beim Sprinten mit oder ohne Ball nicht in ein Loch geriet, das weidende Tiere dort hinterlassen hatten, von deren anderen Hinterlassenschaften ganz zu schweigen.

Wenn Iwan die Gänge einlegte, krächzte und knarzte die Kupplung, aber sie hielt durch. Gewonnen, außer einige Spiele, haben wir nie etwas. Ganz im Gegenteil. In der A-Jugendmannschaft war unser Pech, dass sich der Jahrgang vor uns so erfolgreich in höhere Klassen hochspielte und aufstieg, dass wir in der A-Jugend-Landesliga in jedem Spiel zweistellig abserviert wurden und wieder abstiegen. Ach ja, unsere Trikots: Blaue Hose, gelbe Leibchen…wie die Brasilianer!

Wie ich bei den Recherchen zu diesem Buch erfahren habe, wohnt und verbringt Karl-Heinz Mödrath sein Rentnerdasein in Habbelrath – als prominentester Bürger des Dorfes! „Gnacke" Mödrath war zu unserer Fußballzeit sein Spitzname. Er ist in Kerpen geboren und spielte dort bis 1971 beim SC Kerpen. Ich glaube, wir haben mal gegen seine Mannschaft gespielt. Ich bin mir nicht sicher. Fakt ist, dass Karl-Heinz Mödrath (bis jetzt) mit 151 Toren für Fortuna Köln der dritterfolgreichste Torjäger in der Zweiten Bundesliga ist. Im November 2021 hat sich der noch aktive Simon Terodde mit 153 Toren auf den ersten Platz, in diesem Falle „geköpft".

Mit einem Champion kann ich allerdings doch noch dienen. Und mit was für einen! Michael Schumacher ist ganz in der Nähe meines Geburtsorts, in Kerpen-Manheim, ein paar Kilometer von Götzenkirchen, geboren und hat dort auf der Go-Kartbahn seine ersten erfolgreichen Runden gedreht, wie später sein Bruder Ralf. Beide in der Nachfolge von Wolfgang Graf Berghe von Trips, dem adligen Rennfahrer der Nachkriegsjahre, beheimatet auf der Burg Hemmersbach in Kerpen-Horrem. Zum Champion hat es bei ihm nicht gereicht. Aber nach seinem Unfalltod in einem Formel 1 Rennen in Monza 1961 wurde er posthum zum Vizeweltmeister gekürt.

Double Trouble

Als sensibles Kind ist mir nicht verborgen geblieben, dass ich anders und meine Familie anders war. In zweifacher Hinsicht. Meine Eltern sind nicht im Rheinland geboren. Meine Eltern waren Vertriebene, Flüchtlinge, nicht hiesige! Und wir waren evangelisch, nicht katholisch. Zweifache Diaspora: *„Die Existenz religiöser, nationaler, kultureller oder ethnischer Gemeinschaften in der Fremde, nachdem sie ihre traditionelle Heimat verlassen haben und mitunter über weite Teile der Welt verstreut sind."*

Eine Minderheit und oft ausgegrenzt. Ich beneidete damals die Kinder, die zu Aschermittwoch das Kreuz auf der Stirn hatten. Die Fronleichnamsprozession verlief vor unserer Haustür, Blumenblüten bedeckten die Straßen, Altäre wurden errichtet – und wir waren nicht dabei, ausgeschlossen. Mit dem Karneval konnten sich meine Eltern nicht anfreunden. Für meine Mutter hatte das immer etwas Heidnisches. Die evangelischen Christen in Habbelrath durften alle zwei Wochen einen Gottesdienst in der katholischen Kirche durchführen, waren geduldet. Dazu kam dann der evangelische Pfarrer aus Horrem, dort gab es eine evangelische Gemeinde, und hielt seine Predigt, an kirchlichen Festtagen feierlich begleitet vom Posaunenchor und geleitet vom Organisten, der in Habbelrath wohnte.

Was ich damals nicht wusste, dass Vertriebene und Flüchtlinge sehr viele waren. Fünfzehn Millionen. Deutsche Migranten aus dem Osten und Südosten Europas. Durch Hitlers Krieg entwurzelt. Die sich den engen Platz in der neuen Heimat mit den Einheimischen teilen mussten. Da waren Konflikte vorprogrammiert. Verteilungskämpfe blieben nicht aus. Großes Glück für die Deutschen: Die Integration gelang. Den Wirtschaftswunderjahren sei Dank. Es ging für alle aufwärts, nicht nur für die Fremden, die kamen und blieben. Wahr und weise im folgenden Gedicht mit dem Titel *„Fremdenfeindlich"* von Günter Grass, selbst ein Flüchtling, in seinem letzten Buch, beschrieben:

„Als Millionen Vertriebene

mit wenig Gepäck

und lastender Erinnerung

im restlichen Vaterland

zwangseinquartiert wurden,

riefen viele Heimische,

die sich durch Zuzug beengt sahen:

Geht hin, wo ihr hergekommen seid!

Aber sie blieben, und eingeübt

blieb der Ruf: Haut endlich ab!

We are Family

Das allergrößte Familienfest feierten wir anlässlich der Konfirmation meiner Schwester und mir im März 1967. Hier kam dann noch mal die gesamte Familie zusammen mit Onkel, Tanten,

Cousinen, Nachbarn und Freunden. Zum letzten Mal in dieser Konstellation. Gleichzeitig ein Art Abschied für viele Familienmitglieder voneinander und viel Neues für uns. Die Beköstigung der hungrigen und durstigen Gäste erfolgte selbstverständlich mit eigenen Ressourcen. Küche und Bewirtung in Regie meiner Mutter, zum Glück mithilfe von fleißigen Händen aus der Verwandt- und Nachbarschaft. Schlafgelegenheiten stellten Nachbarn, Freunde und Verwandte im gleichen Ort. Zur damaligen Zeit, Essen in Restaurants und Übernachtung in Hotels: Fehlanzeige.

Kirchliche Feste, wie die Aufnahme meiner Schwester und mir in die Kirchengemeinde, in die Familie der Kirche, waren damals wichtige Wegmarken für Familien. Wir beide hatten auch in zwei Sommern die Gelegenheit, im großen Ferienhaus unseres Pfarrers in Schladming in Österreich Freizeiten mit anderen Jugendlichen aus der Kirchengemeinde zu verbringen. Kirche hatte damals viel mehr im Angebot für Familien, war präsent unter den Mitgliedern, bestimmte den Rhythmus eines (Kirchen-) Jahres. Zu den kirchlichen Festtagen wurden Festtagswünsche meistens per Karten schriftlich ausgetauscht, Neues berichtet, Krankheiten und Todesfälle beklagt. Das schloss die Verwandten, Cousinen meiner Mutter in den USA, Freunde meines Vaters in der DDR, mit ein.

Wir sind zwar gemeinsam aufgewachsen, aber meine Zwillingsschwester hatte ihre Freundinnen und ich meine Freunde. In unserem Haus und im Garten fanden wir genügend Auslauf, wenn mal beide Gruppen zur gleichen Zeit spielten, feierten oder ihre Musik hörten. An lauen Sommerabenden trafen sich die Mädchen und Jungen manchmal zusammen auf der wenig befahrenen Straße vor unserem Haus und spielten eine Runde Völkerball.

I Can Hear Music

In den 60-er Jahren fing es an. Es begann meine lebenslange Beziehung zur Musik, zur Popmusik. Ja, „*Music was my first love!*" Wilfried, mein Sitznachbar in der Realschule, war ein Fan der britischen Rockmusik. Who, Uriah Heap, Rolling Stones waren seine Heros. Schon damals konnte ich mich eher für die melodischen, romantischen Stücke begeistern und landete deshalb bei den Beatles, Kinks und den Moody Blues. Meine erste gekaufte Single: „*Young Girl*" von der amerikanischen Band „Union Gap", dann folgte „*Jesamine*" von den Casuals.

Im Fernsehen startete Uschi Nerke mit dem Beat Club. Auch aus dem Radio schallten mehr und mehr Pop Songs, gespielt und moderiert von echten (amerikanischen) DJs, wie Mal Sandock im Heimatsender WDR und Alan Bangs vom britischen

Soldatensender BFBS. Ich wollte – wie viele andere Jugendliche auch - die Hits aus den Hitparaden aufnehmen und mir meine eigene Mediathek zusammenstellen.

Damit sind wir bei der ersten Stufe der Aufnahmetechnik, sozusagen in der Steinzeit: Gegen den Lautsprecher des „*Nordmende*" Radios im Wohnzimmer hielt ich das „*Beyer*" Mikro, welches durch ein Kabel mit dem „*Telefunken*" Tonbandgerät Marke „*Berolina*" verbunden war. Auf dem Tonbandgerät setzte ich dann Tonbänder der Marken „*BASF*" oder „*Scotch/3M*" in Gang, um die Lieblingssongs aufzunehmen. So weit, so schlecht. Die Tonqualität war mau!

Nächster Evolutionsschritt bzw. kleine Transformation. Es gab ein dreipoliges Kabel vom neu gekauften „*Telefunken*" Radio zum Tonbandgerät. Schon besser. Der Anfang war gemacht. Die dritte Single kaufte ich mir im Radiogeschäft in Habbelrath. „*I can hear Music*" von den Beach Boys. Der Inhaber des Geschäfts führte neben seinem Radioladen auch noch eine Kneipe, die praktischerweise direkt daneben lag. Sein Haus stand unmittelbar an der Abbruchkante des Frechener Tagebaus und musste ihm Ende der 1960-er Jahre weichen.

Fields of Gold

Damit sind wir beim schwarzen Gold angelangt. Denn auch die Briketts aus dem Rheinischen Braunkohlerevier sind schwarz. In unserer direkten Nachbarschaft wurde ein riesiges Loch ausgebaggert und Braunkohle gefördert. Während wir in Neu-Habbelrath wohnten, wurde Alt-Habbelrath abgebaggert und nach Neu-Habbelrath umgesiedelt. Der Tagebau Frechen dehnte sich aus. Schon seit 1952 förderte der Tagebau Kohle und versorgte über eigene Bahnverbindungen nahegelegene Braunkohlekraftwerke und Brikettfabriken.

Das Dorf Boisdorf, wo meine Eltern nach dem Krieg gestrandet waren, aber auch der alte Ortsteil von Habbelrath sowie fünf weitere Dörfer mussten den Baggern weichen, die dort lebenden Menschen ihre Häuser aufgeben. Segen und Fluch zugleich.

Segen: Gutbezahlte Arbeit nach dem Krieg, bescheidener Wohlstand. Konsumieren, Autos und Möbel anschaffen, Reisen ins Ausland – ins Sehnsuchtsland Italien, Werkswohnungen und Bergmannssiedlungen. Fluch: Schichtbetrieb, teilweise schwere körperliche Arbeit, die aber zunehmend von Maschinen übernommen wurde, vor allem aber der Dreck!

Den hat damals niemand gestört, der gehörte dazu. Der enorme CO_2-Ausstoß mit den Riesenkühltürmen der Braunkohlekraftwerke in der Nachbarschaft in Bergheim-Niederaußem und in Grevenbroich-Neurath oder der „Klüttendreck" von den Brikettfabriken in Frechen-Wachtberg und der benachbarten Grube Karl. Wenn mal wieder der Wind aus der falschen Richtung wehte und die gerade frisch gewaschene Wäsche auf der Wäscheleine mit schwarzem Ruß überzogen war, dann hängte meine Mutter die Wäsche eben wieder ab und wusch sie erneut im hölzernen Waschbottich.

Die meisten Hausbesitzer oder Mieter im alten Ortsteil freuten sich über ihre neuen Häuser und Wohnungen als Ergebnis der Umsiedlung in den 1960-er Jahren, die „*Rheinbraun*" durch Umsiedlungsprogramme mitfinanzierte, wenn auch der Verlust der Heimat schmerzte. Kirche, Friedhof, Wälder, Straßen, die Schule, die Kneipen dem Erdboden gleichgemacht und für immer verloren. Diese „Transformation" erlebte ich hautnah, wie das folgende Stimmungsbild von 1976 veranschaulicht:

„Abenddämmerung:

Langsam nähert sich die untergehende Sonne dem Horizont. Das Ende der alten Dorfstraße ist in gleißendes Licht getaucht. Diese vielfach ausgebesserte alte Straße war einmal der Lebensnerv des abgebaggerten Ortsteils. Sie ist als einziges Überbleibsel bisher erhalten geblieben. Vor ein paar Jahren sah das hier noch anders aus…

Man kann noch die Reste des Weges, der zum Friedhof führte, erkennen. Da stand die schlichte Kirche, mit ihren von Bombensplittern beschädigten Mauern und der schweren, eisenbeschlagenen Holztüre des Seiteneingangs. Ein Stückchen weiter, die Straße hinauf an Gauls Bekleidungsgeschäft vorbei, erstreckte sich der quadratische Dorfplatz, der auf einer Seite von Schlüssels Schreinerei begrenzt wurde. Wie oft habe ich in der Schule das Kreischen ihrer Kreissägen gehört. Die Schule lag am Dorfplatz, gegenüber der Dorfstraße, eingerahmt vom asphaltierten Schulhof, auf dem so manches Schülerknie arg lädiert wurde. Neben dem Schulgebäude schimmerte der Löschwasserteich mit grünlichem, brackigem Wasser gefüllt in einem viereckigen, eingezäunten Bassin. Hier soll sich mancher Schüler ob seiner schlechten Zeugnisse ertränkt haben, wenn es denn stimmte, was phantasiebegabte Schüler in der Pause sich so alles erzählten!

Diese Gebäude stehen nicht mehr. Die Menschen, die darin wohnten, wurden mit ihnen verpflanzt. Ich habe nun das Ende der Dorfstraße erreicht. Das monotone Quietschen der Abraumbagger kündigt schon an, dass bald auch diese Straße von den Riesenschaufeln weggefressen sein wird.

Die Sonne ist nur noch ein roter Schimmer. Unten im Tagebau gehen jetzt unzählige Lichter an und übernehmen ihre Funktion. Bald wird es dort taghell sein, wie in einer Stadt im Tal."

Water Under the Bridge

Am 14. Juli 2021 ist es passiert: Die Ahr und die Erft erinnerten daran, dass Flüsse ein Stück Natur sind, sich auf ihre Art wehren, wenn der Mensch ihre Nutzbarkeit überreizt. An jenem Tag im Juli zerstörte die Erft das Zentrum von Bad Münstereifel, riss Häuser in Erftstadt in eine Kiesgrube, zerstörte Leben und Existenzen in vielen weiteren Orten an ihren außer Rand und Band geratenen Ufern.

Die Erft, 107 km lang, beginnt in Holzmülheim in der Nordeifel und mündet in Neuss-Grimlinghausen in den Rhein. An ihren Ufern entstanden Schlösser, Mühlen und Kraftwerke. Sie wurde verlegt, verlagert, breiter gemacht und gerade gezogen. Nun wird all das wieder rückgängig gemacht. Die Denaturierung des geschundenen Flusses hat begonnen.

Zurzeit wird sie aber noch zum Abtransport des Grundwassers genutzt bzw. missbraucht, damit die Braunkohle im Tagebau Hambach im Trockenen abgebaut werden kann: 5000 Liter pro Sekunde an trübem, lauwarmem Grundwasser, das hinter Bergheim der Erft zugeführt wird und ihre Temperatur auch im Winter nicht unter 10° fallen lässt.

Innerhalb des Zeitraums von 1941 bis 1976 musste die Erft zwischen Bedburg und Frimmersdorf insgesamt fünfmal dem

Bergbau weichen. Zuletzt floss sie in einem Bett aus einer dicken Bitumenschicht und Stahlspundwänden. Der Betrieb des Tagebaus Frechen in meiner Heimat wurde 1986 beendet, verfüllt bis 2003 und wird seitdem für die Landwirtschaft und als Naherholungsgebiet genutzt.

Der geplante Kohleausstieg soll bereits 2030 abgeschlossen sein und damit auch die Denaturierung der Erft. Ein ehrgeiziges Ziel. Es wird noch Jahrzehnte, Jahrhunderte dauern, bis sich wieder natürliche Wasserverhältnisse eingependelt haben und die durch die Tagebaue entstandenen Restlöcher mit aus dem Rhein gepumpten Wasser gefüllt sind. Die Dekarbonisierung ist beschlossen und wird umgesetzt. Für die Menschen im Rheinischen Braunkohlenrevier eine neue und weitere Transformationsherausforderung.

Als ich diese Zeilen, dieses Heimatgedicht, geschrieben habe, stand die Kohleindustrie bei uns im Rheinland in ihrer Blüte:

„Ich komme aus dem Land der Klütten und Knollen.

An der Erft meine Wiege stand.

Inmitten von fruchtbaren Schollen,

dort ist mein Heimatland.

Ich komme aus dem Land der offenen Gruben,

aus denen man abbaut das schwarze Gold.

Das verwendet wird zum Heizen unserer Stuben

und verstromt zu vielen Millionen von Volt.

Ich komme aus dem Land der roten Rüben,

die verarbeitet werden zu Zucker und Kraut,

was in der ganzen Welt wird vertrieben

und die Menschen dort nährt und aufbaut.

Ich komme aus dem Land der frohen Leut',

die niemals traurig sich geben,

sondern Spaß haben an der Freud'

und in vollen Zügen genießen das Leben."

Cars and Girls

Kurz vor meinem 19. Geburtstag machte ich den Führerschein und zwei Wochen später war ich der stolze Besitzer eines VW-Käfers, das erste Auto in der Familie. Mein Vater kaufte mir das Auto bei einem Autohändler in Köln. Die Heimfahrt nach Habbelrath war ein Abenteuer, denn ich war bis dahin noch nicht in der Stadt mit dem Auto unterwegs gewesen.

Mein Vater wollte nie selbst den Führerschein machen. Sein Fahrrad reichte ihm, um damit zur Arbeit zu kommen. Und zum Einkaufen wurde der Bus genommen. Mobilität war meinen Eltern nicht wichtig. Urlaube verbrachten sie lieber zu Hause oder bei Verwandten, Ausnahmen die beiden Ferien am Bodensee. Die erzwungene Fluchtmobilität und beschwerliche Reise von tausenden Kilometern quer über den europäischen Kontinent nach dem Krieg, vom Ural ins Rheinland, reichte ihnen.

Wir genossen unsere neue Bewegungsfreiheit. Spritztouren wurden unternommen und Discobesuche an Samstagen brachten Spaß. Beim Umwerben des weiblichen Geschlechtes machte ein fahrbarer Untersatz, auch wenn es kein Manta war, Eindruck.

Ein Erlebnis aus dieser Zeit ist mir in besonderer Erinnerung geblieben. Es spielte sich in einer Kneipe ab, der Filmklause. Der Name passte. Das Lokal gehörte zum Kino. Ja, wir hatten in unserem Dorf ein Filmtheater, Ende der 1950-er Jahre erbaut, von unserem Garten ca. 300 m Luftlinie entfernt. Ein grauer unverputzter Bau mit einem Dach aus Eternitplatten. Ich habe dort einige James Bond Filme und andere Krimis gesehen, auch den Aufklärungsfilm „Helga". Das Kino lag gegenüber der Werkseinfahrt der „HW". Das ist die „Hauptwerkstatt" von *„Rheinbraun"*, in der Maschinen, Geräte, Lokomotiven und Waggons für den Bergbau gewartet und repariert wurden und werden.

Aber zurück zur Filmklause. Die Wirtin hieß Albertine und war die Ehefrau des Kinobetreibers, vollbusig, mit einer Dauerwelle-Lockenpracht versehen und etwas verrucht wirkend. Mein Freund Rainer hatte es tatsächlich geschafft, das schönste Mädchen (davon waren wir jedenfalls überzeugt) des Dorfes zu einem Rendezvous an einem Nachmittag in die Filmklause einzuladen. Wir beide saßen pünktlich im Lokal. Und tatsächlich, Die Dorfschönheit erschien. Wahrlich eine bildschöne Bauerntochter. Und wir konnten uns nicht sattsehen an diesem herrlichen Geschöpf. Dabei stand Albertine bestimmt hinter dem Tresen, rauchend und wunderte sich über diese pubertierenden Burschen. Was kam dabei rum? Nichts! Wir hatten unser Rendez-vous und die Schöne verschwand aus unserem Leben. Das Kino ist heute eine Autowerkstatt, die einem Mitschüler aus der Volksschule gehört.

School's Out

Im Frühsommer 1971 wurden uns die Abschlusszeugnisse der Höheren Handelsschule in Frechen überreicht. Damit endete meine Schulzeit. Von 1964 bis 1969 besuchte ich die Realschule für Jungen in Horrem, verkürzt auf 5 Jahre durch zwei Kurzschuljahre wegen der Umstellung des Schulstarts von Frühjahr auf Herbst.

Die meisten Lehrer der Realschule nur für Jungen litten unter körperlichen und vor allem seelischen Kriegsschäden. Unser Direktor, von den Schülern „Liebchen" genannt, war schwer gehbehindert. Es herrschte eine ungezügelte Autorität, die sich durch permanente Prügelstrafen, in den Klassenräumen, auf den Gängen und Treppen, Bahn brach. Unser Religionslehrer aus Ostpreußen schlug zu, wenn ein Schüler beim Singen der von ihm angestimmten Kirchenlieder störte.

Mein Deutsch- und Klassenlehrer zelebrierte regelrecht das Verprügeln seiner Zöglinge: Er stellte seinen Stuhl neben das Pult, zog sein Jackett aus, hängte es über den Stuhl, krempelte die Ärmel seines Hemdes auf und wedelte mit dem Taschentuch. Dann ließ er den Delinquenten antreten und schlug locker aus der Hüfte mit der flachen Hand dem Schüler mehrmals links und rechts auf die Backen.

Meinem Deutschlehrer aus jener Zeit habe ich es allerdings zu verdanken, dass ich Rechtschreibung und Kommasetzung erlernte. Vierzehntäglich ließ er Übungsdiktate schreiben. Aufsätze zu verfassen, machte mir Spaß. Deutsch wurde zu meinem Lieblingsfach.

Das steigerte sich noch mit meinem Deutschlehrer auf der Höheren Handelsschule. Wir lasen *„Don Carlos"* von Schiller, *„Die Deutschstunde"* von Siegfried Lenz. Literaturinterpretationen gefielen mir. Mein Interesse an Literatur war geweckt.

In besagter *„Deutschstunde"* geht es um den „Pflichtbegriff". *„Über die Freuden der Pflicht"* muss Siggi Jepsen in der Besserungsanstalt für schwer erziehbare Jugendliche einen Besinnungsaufsatz schreiben. Er sitzt dort ein, weil er als Zehnjähriger die Bilder des Malers Nansen (in Anlehnung an Emil Nolde) hilft zu verstecken, um sie vor seinem Vater zu schützen, der als nördlichster Polizeiposten Deutschlands das Malverbot, das die Nazis ausgesprochen haben, überwacht. Sein Vater erfüllt seine Pflicht. Siggi stiehlt die Bilder und wird bestraft.

Meine Generation hatte das Glück, dass unsere Pflichterfüllung im Frieden stattfinden konnte und sie auch immer mit Aufstieg verbunden war, wenn man die reichlichen Angebote (Schule, Ausbildung und Studium) nutzte. Wir haben gelernt, dass Pflichten nicht nur Last sind, sondern helfen, sich zu entwickeln. In der Schule, im Berufsleben, im Zusammenleben mit der Familie, mit Freunden und Schulkameraden. Vielleicht war auch ein bisschen protestantische Arbeitsethik im Spiel, wie bestimmt bei Angela Merkel in ihrer 16 Jahre andauernden Kanzlerschaft.

Ich bin gern zur Schule gegangen. Neben dem Lernen gab es auch noch Klassenausflüge und Reisen in die Bretagne nach Frankreich, nach London und auf die Insel Texel. Heutzutage normal, in den 1960-er Jahren noch etwas Besonderes.

Zur Abschlussfeier des Schuljahrgangs, der ein Jahr vor uns verabschiedet wurde, durfte ich dieses Gedicht von Eugen Roth vortragen:

„Weltlauf
Ein Mensch erst zwanzig Jahre alt,
Beurteilt Greise ziemlich kalt
Und hält sie für verkalkte Deppen,
Die zwecklos sich durchs Dasein schleppen.

Der Mensch, der junge, wird nicht jünger:
Nun, was wuchs dann auf seinem Dünger?
Auch er sieht, dass trotz Sturm und Drang,
Was er erstrebt, zumeist misslang,

Dass, auf der Welt als Mensch und Christ
Zu leben, nicht ganz einfach ist,
Hingegen leicht, an Herrn mit Titeln
Und Würden schön herumzukritteln.

Der Mensch, nunmehr bedeutend älter,
Beurteilt jetzt die Jugend kälter,
Vergessend frühres Sich-Erdreisten:
„Die Rotzer sollen erst was leisten!“
Die neue Jugend wiedrum hät...
Genug – das ist der Lauf der Welt!“

II.

1972 – 1991

„Die ungezählte Geliebte"

The Winner Takes It All

„Schäl Sick", Villa und Porsche! Diese drei Themen traten in mein Leben, nach dem ich im August 1971 eine Ausbildung bei der *Klöckner-Humboldt-Deutz AG (KHD)* begonnen hatte. Das Unternehmen trägt seinen Standort im Namen, der auf der falschen, der rechtsrheinischen Seite Kölns liegt. In der Villa Charlier erhielten die Azubis sog. Werksunterricht. Unser Lehrer fuhr an jedem Werksunterrichtstag mit seinem Porsche auf den Parkplatz der Villa Charlier.

Glückliche Zeiten: Firmenvertreter kamen zu uns in die Schule und warben um Azubis. Ich entschied mich für eine Ausbildung zum Industriekaufmann bei *KHD*, da dieses Unternehmen externe Ausbildungsangebote an seinen Niederlassungen machen konnte, z. B. in Paris, London oder Tanger. Ich blieb lieber in Deutschland und wählte einen sechsmonatigen Aufenthalt in München: Von Juli bis Dezember 1972 während der Olympischen Spiele vor Ort!

Und diese externe Ausbildungsstelle war gleichzeitig meine erste Nestflucht, weg von zu Hause, weg von der Familie auf eigenen Beinen stehen, selbständig werden. Das wurde mir leicht gemacht. Ich wohnte zur Untermiete in der Keuslinstr. 2, am Josephsplatz mit der Josephskirche in München-Schwabing. Die

Niederlassung von *KHD* in der Erzgießereistraße zwanzig Minuten Fußweg entfernt.

Die Arbeit dort war hierarchisch geprägt wie in der Industrie und der „Deutschland AG" damals typisch. Den Standort leitete ein Ingenieur mit holzgetäfeltem Büro. Im Büro des kaufmännischen Leiters lag jeden Morgen die aufgeschlagene *FAZ* auf dem Schreibtisch. Meine Ausbilderin war eine resolute, anpackende und beherzte Fränkin, die sich meiner annahm. Die Hausaufgaben des Werkunterrichts gingen locker von der Hand und schnell in die Post nach Köln-Deutz.

Eine schöne Zeit. Im Sommer in Bayern, in Schwabing. In bayerischen Seen schwimmen, im Rotwandgebirge wandern, im Hirschgarten Bier trinken und mit den Kollegen Brotzeit halten.

Das eigentliche Highlight waren die Olympischen Spiele in München, nach 1936 die ersten (und bisher letzten) in der damaligen Bundesrepublik. Ich konnte insgesamt 10 Eintrittskarten auf dem Schwarzmarkt auf dem Marienplatz ergattern und Wettkämpfe im Fußball (mit Uli Hoeneß in der Olympiamannschaft), Judo, Volleyball und Ringen erleben. Und in der Leichtathletik. Vom letzten Besuch des Olympiastadions am 10. September 1972 ein Auszug aus meinem Olympia-Report:

„Mein letztes olympisches Erlebnis war zugleich mein stärkstes. Letzter Tag in den Disziplinen der Leichtathletik mit 10 Entscheidungen. Die Karte für dieses Großereignis hatte ich am Tag zuvor im Olympiapark einer jungen Amerikanerin abgehandelt – für den stolzen Preis von 60 DM. Als erstes Rennen wurde der Marathonlauf gestartet und mit einem großen Teilnehmerfeld auf die Strecke durch Münchens Straßen geschickt.

Heide, Heide…schrien die Zuschauer, als ob wir Heide Rosendahl im 4 x 100 m Lauf zum Sieg schreien könnten. Aber die Heide schaffte es. Sie konnte Renate Stecher, die Schlussläuferin der DDR-Staffel, schlagen und damit den westdeutschen Frauen Staffel-Gold sichern. Es war schon ein feierlicher Augenblick, als die Siegerehrung für Christiane Krause, Ingrid Mickler-Becker, Annegret Richter und Heide Rosendahl mit olympischem Zeremoniell durchgeführt wurde.

Alle Zuschauer fielen auf einen Lausbubenstreich eines Jungen aus dem Ruhrgebiet herein! Als die Marathonläufer erwartet wurden, lief er als Erster ins Olympiastadion ein, wo er mit donnerndem Applaus begrüßt wurde. Aber das war ja gar nicht Frank Shorter, den man eigentlich aufgrund der Zwischenergebnisse, die laufend auf den elektronischen Anzeigentafeln eingeblendet wurden, an erster Stelle erwartet hatte. Auch bei den Organisatoren *herrschte Verwirrung! Frank Shorter kam erst jetzt. Der US-Amerikaner, der in München geboren wurde, um 1972 in München, in seiner Geburtsstadt, Olympiasieger im Marathonlauf zu werden.*

Gegen 19:00 Uhr verließ ich an diesem olympischen Sonntag zum letzten Mal das Olympiastadion, ein bisschen wehmütig, wie ich gern gestehe."

Klar, die Olympiade in München bleibt immer mit dem Terrorakt der Palästinenser auf die israelische Olympiamannschaft in Erinnerung. Die angestrebte Leichtigkeit und Freude der Spiele waren dahin. Aber schon damals dominierte das Geld die Spiele, als Avery Brandage, der IOC-Präsident, erklärte: „*The Games must go on!*" So konnte ich diesen einen Olympiatag nach dem Terroranschlag noch erleben.

Die Macht des Geldes, der Sponsoren und der Medienpartner potenzierten sich bei jedem zukünftigen sportlichen Großereignis. Die Deutschen konnten sich allerdings als Gastgeber tatsächlich mal von ihrer leichten und freundlichen Seite zeigen. 2006 beim sommerlichen Sommermärchen der Fußball-WM.

Space Oddity

Schauen wir heute mehr als 50 Jahre zurück auf dieses Jahr 1972, dann war es auch ein Jahr der Transformationen in technologischer, ästhetischer und sozialer Hinsicht, ein Versprechen auf die Zukunft. Ein Fortschrittsjahr mit wegweisenden Erfindungen. Zu den Olympischen Spielen 1972 präsentiert sich Deutschland in München mit dem filigranen Dach des neuen Stadions als moderne, leichte, offene Demokratie im Gegensatz zur Olympiade der Nazis 1936 in Berlin. Willy Brandt, „Mehr Demokratie wagen", übersteht das erste Misstrauensvotum in der Bundesrepublik mit einer Mehrheit von zwei Stimmen, angestrengt vom Oppositionsführer der CDU Rainer Barzel.

Beckenbauer, Müller und Netzer führen eine durch spielerischen Glanz und technische Brillanz auftrumpfende deutsche Mannschaft zur Europameisterschaft. In kollektiver Erinnerung bleibt das „Wembley Spiel" im April 1972, das die deutsche Mannschaft im Mekka des Fußballs auf dem heiligen Rasen 3:1 gewonnen hat. Mit einem genialen Günter Netzer, der „aus der Tiefe des Raumes" kommt und im Mittelfeld souverän Regie führt.

Frankreich setzt den Hochgeschwindigkeitszug TGV auf die Schiene und entwickelt die Concorde, das Centre Pompidou in

Paris wird eröffnet. Der *HP* 9830 gilt als erster Personal Computer. In Washington wird das Internet vorgestellt, in New York werden die Zwillingstürme des World Trade Centers vollendet.

Mit „*Ziggy Stardust*" schafft David Bowie eine Kunstfigur, die sich aufmacht ins Weltall. Und startet eine einzigartige Weltkarriere in der Pop- und Kunstwelt.

Gleichzeitig steht dieses Jahr 1972 auch für einen Bruch. Der „*Club of Rome*" thematisiert mit der Studie zu „*Grenzen des Wachstums*" erstmalig den Klimawandel. Die folgenden Jahre sind durch die Ölkrise und wirtschaftlichen Rückgang geprägt, eine neue Erfahrung für unsere Generation nach den Wirtschaftswunderjahren und fortwährendem Wachstum.

Proud Mary

Einem Lehrling bot die Großstadt München nicht nur sportliche Abenteuer. Als an Popmusik interessierter Fan schaute ich mir an, welche Stars in München Station machten. So erlebte ich in München mein erstes Live-Konzert überhaupt - von Ike & Tina Turner, die am 18. November 1972 im Zirkus Krone Bau auf ihrer Europatournee gastierten. Die Stuhlreihen im Zirkus waren lose aufgestellt und hielten im Laufe des Gigs die Zuschauer nicht mehr auf ihren Plätzen. Alle schauten sich die wilde Performance an, die berühmten Tanzschritte von Tina in perfekter Kombination mit den Background-Tänzerinnen, den sexy Ikettes, und Ike entrückt an der Gitarre zupfend.

Bei dem Song „*Proud Mary*", geschrieben von den Fogerty Brüdern der Band Creedance Clearwater Revival, ging nach einem langsamen Intro so richtig die Post ab. Mein erstes Konzert mit Tina Turner, aber nicht mein letztes!

Nicht nur U-Musik erlebte ich in München. Von meiner Vermieterin erhielt ich eine Opernkarte. An den Namen der Oper kann ich mich nicht mehr erinnern. Ich besitze noch das Buch, das mir meine Ausbilderin zum Abschied schenkte: „*Ein Münchner im Himmel*" von Ludwig Thoma.

Die Geschichte auf Hochdeutsch geht so: Aloisius, einen Dienstmann auf dem Münchener Hauptbahnhof, trifft der Schlag und er kommt in den Himmel, wo er tagaus, tagein frohlocken und Hosianna singen muss. Das gefällt ihm aber gar nicht und er schreit und flucht (auf bayerisch). Das kommt Petrus und dem lieben Gott zu Ohren. Um ihn loszuwerden, schicken sie ihn mit einem Brief an die Bayerische Staatsregierung zurück auf die Erde. Aloisius geht allerdings schnurstracks ins Hofbräuhaus und trinkt eine Maß nach der anderen. Vergisst den Brief. (…*"da sitzt er heit no*"…) Und so wartet die Bayerische Regierung bis heute auf die göttlichen Eingebungen!

I Got You Babe

Die kaufmännischen Azubis bei *KHD* mussten auch 6 Wochen in die Produktion. So arbeitete ich mit Blaumann und in Arbeitsschuhen in der Produktion für Deutz Traktoren. Und konnte die entsprechenden Motoren, die ich in meinen Ausbildungsstationen in der Hauptverwaltung in Köln-Deutz und in der Niederlassung München schon kennengelernt hatte, eingebaut in den Deutz Traktoren, im Einsatz erleben.

Im Foyer der Hauptverwaltung von *KHD* stand das Modell eines Otto-Motors. 1864 war Nicolaus August Otto zusammen mit Eugen Langen Mitbegründer der weltweit ersten Motorenfabrik *N. A. Otto & Cie.* in Köln, aus der 1872 die Gasmotoren-Fabrik *Deutz AG* hervorging. Technischer Direktor dort wurde Gottlieb Daimler und Wilhelm Maybach Leiter der Motorenkonstruktion.

Nach Abschluss der Ausbildung arbeitete ich noch einige Monate in der Motoren-Vertriebsabteilung. Aus dieser Zeit existiert ein Bild von einem denkwürdigen Fußballspiel gegen die Werbeabteilung von *KHD*. Vertrieb, Marketing und Werbung, in diese

Richtung sollte nach meinen Neigungen und Erfahrungen bei *KHD* die Berufswahl gehen.

In NRW passierte in diesen Jahren recht viel in Wissenschaft und Lehre. Im Zuge dieser Reformen entwickelte sich aus der 1947 in Köln gegründeten Wirtschaftsfachschule für kaufmännischen Führungsnachweis 1969 bis 1971 die Fachhochschule mit dem Fachbereich Wirtschaft. An dieser FH durfte ich mich für das Wintersemester 1973/74 einschreiben.

Doch stop! „*I want YOU!*" sagte der Staat. Gemustert und diensttauglich erhielt ich im Laufe des ersten Semesters einen Einberufungsbescheid zu einer Kampfeinheit. Was tun? Aussitzen? Weiterstudieren? Es war damals „opportun", sich am Bund vorbeizudrücken. Ost-West-Konflikt. Kalter Krieg. Nato-Alarm. Friedensbewegung. Das funktionierte bei mir aber nicht. Mein Freund Rainer manipulierte seinen Körper durch einige Musterungen bis zur Untauglichkeit. Mein Einspruch wegen laufenden Studiums: Abgelehnt!

Erst als dann bei uns zuhause die Feldjäger klingelten, meine Mutter die Tür öffnete und ich mich im Keller versteckte, fügte ich mich in mein Schicksal. Ich konnte noch das folgende Sommersemester abschließen und meldete mich dann im Oktober 1974 beim 7. Sanitätsbataillon 3 in Hamburg-Harburg zum Grundwehrdienst.

I Don't Like Mondays

Es sollten dort nur zwölf Monate werden und nicht fünfzehn, wie damals gesetzlich vorgesehen. Unnütze zwölf Monate? Nicht so ganz! Drei Monate Grundausbildung bei den „Sanis". Medizinisches Grundwissen, Erste Hilfe-Maßnahmen. Okay! Marschieren üben, schießen, durch den Dreck robben mit Gasmaske und beschlagenen Brillengläsern, Stuben-Abnahme, Betten falten, antreten vor dem betrunkenen Stuffz (Stabsunteroffizier) und Ausbilder, strammstehen vor den „Kinderfähnrichen", gerade Abitur und 3 Jahre jünger als ich, das brauchte ich nicht! Einmal musste ich ins Manöver, wurde aber nach 2 Tagen wieder zurückgerufen in die Etappe!

Denn offensichtlich brauchten sie mich. SvD: Schreiber vom Dienst! Ach was: *„Schreiber im Dienst!"* Ich saß in der Schreibstube auf der gleichen Etage mit dem Kompaniefeldwebel und Kommandeur des Bataillons. Musste den Eingang der Post am Vormittag dem Postboten quittieren und im Post-Buch vermerken, Post-Ausgänge am Nachmittag. Die ankommenden Briefe von Freundinnen der Soldaten in den entsprechenden Postfächern für die verschiedenen Kompanien verteilen: Da gab es Mädels, die schrieben fast jeden Tag an ihre Jungs!

Ansonsten: Freie Zeit, nichts zu tun. Ich las alle Bücher aus der Bataillonsbücherei (ein Schrank in meinem Büro), für die ich auch verantwortlich war. Und ich schrieb, Gedichte und Geschichten. Leider saß und aß ich zu viel in der Kantine und verlor vorübergehend mein Kampfgewicht von 70 kg.

Nach dem bei einer Heimfahrt mit zwei Kameraden ins Rheinland, ich schmierte mir gerade meine Schnitte mit Leberwurst von Beständen aus der Kaserne auf der Klappe des Handschuhfachs, der Käfer des Fahrers bei Aquaplaning auf der Autobahn zwischen Hamburg und Bremen ins Schleudern geriet und rechts und links jeweils gegen die Leitplanken prallte, war danach mit Autofahrten vom und zum Standort Schluss. Unser großes Glück: Kein Überschlagen des Käfers, aber Totalschaden! Leichte Prellung des Halswirbels.

Ab dann bin ich fast jedes Wochenende zu Hause gewesen. Mit dem Zug und den Freifahrtkarten meiner Kameraden aus Hamburg, die Heimschläfer waren. Am Sonntag, abends um 10 Uhr, machte sich der D-Zug aus dem Hauptbahnhof in Köln auf den Weg gen Norden. Sammelte unterwegs die Kameraden auf den Bahnhöfen des Ruhrgebiets ein, einige davon unter feuchtfröhlichen Wochenenden an der Heimatfront leidend und sturzbesoffen. Mir schräg gegenübersitzend konnte einmal einer der Kameraden aus dem Revier sein Wasser nicht halten und es lief an ihm herunter auf den Boden des Abteils.

Unter dem Eindruck der nächtlichen Zugfahrten nach Hamburg-Harburg fielen mir in meiner Schreibstube diese Zeilen ein:

„Ein Zug rast durch die Nacht,

Zerschneidet das Dunkel mit unbändiger Macht.

Auf gleißenden Schienen schießt er hinfort.

Hält nie lange an einem Ort.“

Viel lesend verbrachte ich endlose Stunden in der Stabsstelle der Kaserne. So entdeckte ich auch den Autor Wolf Wondratschek, der die Bundeswehr einem Montag gleichsetzte. Daraus ist dann dieses Gedicht entstanden:

„Ein Montag ist die Bundeswehr

Schrieb einst Wolf Wondratschek.

Das zu bestätigen, mir fällt’s nicht schwer.

Denn der Montag rührt langsam sich vom Fleck.

Die Bundeswehr ist ein Montag.

Dieser Tag ist nicht wie alle Tage.

Er folgt immer dem sonnigen Sonntag,

Schon allein deshalb ist er eine Plage.

Ein Montag ist die Bundeswehr!

Weil am Dienstag schon der Krieg beginnt

Und am Mittwoch – 24 Stunden mehr

Der Tod das Duell gegen das Leben gewinnt!"

Der Unterschrift des damaligen Dekans der FH für Wirtschaft sei Dank. An einem Samstag im Sommer des Jahres 1975 unterschrieb mir der Dekan an seiner Haustür in Köln die Bestätigung, dass ich mein Studium zum Wintersemester 1975/76 wieder aufnehmen konnte. Unter Einsatz meines vierwöchigen Urlaubs wurde ich mit diesem Beleg gemäß „*§ 12 Soldatengesetz – Urlaub ohne Geld- und Sachbezüge*" bis zum 31.12.1975 vom Wehrdienst freigestellt.

Good Times

Der Bundeswehr entronnen begannen nun zwei schöne Jahre. Student mit freier Kost und Logis bei Muttern. Mobil mit Käfer. Viel freie Zeit zum Schmökern. Häufiger Kunde in der Stadtbücherei Frechen. Als Ausgleich Schwimmen im leeren, neu erbauten Hallenbad in Habbelrath. Vorlesungen in Klassenstärke besuchen. Scheine machen an der FH in der Lotharstr. in Köln-Sülz. Beim Einparken dort berührte mein VW wohl in Folge meines „vergeistigten Zustands" den Kotflügel eines PKWs. Es stellte sich heraus, dass der leicht verkratzte Wagen der Fernsehansagerin Claudia Doren gehörte, bei der ich mich natürlich entschuldigte. Das erste „Zusammentreffen" mit Prominenten, weitere sollten folgen.

An den Wochenenden Musik hören und über Gott und die Welt reden. Sehr oft mit Rainer, der zu dieser Zeit in Aachen als Verbindungsstudent Bergbau studierte. Und Alkohol war auch im Spiel, manchmal haben wir an diesen red- und musikseligen Abenden reichlich *Mariacron* konsumiert.

Im Radio gab es Neues, nämlich den Pop Shop auf SWF 3, einen Sender, der im Rheinland sehr gut zu empfangen war. Eine „Welle" nur für junge Zuhörer, erstmalig im öffentlich-rechtlichen deutschen Rundfunk. Mit Frank Laufenberg, meinem

Lieblingsmoderator, in Köln geboren. Viele heute bekannte Journalisten, Moderatoren, Autoren und Schauspieler wie Elke Heidenreich, Christine Westermann, Anke Engelke, Stefanie Tücking, und Frank Plasberg, um nur einige zu nennen, haben dort gearbeitet.

Auch auf der Medienseite geschah Revolutionäres. In Köln! Durch einen Pionier und Unternehmer namens Friedrich-Wilhelm Waffenschmidt. Er gründete 1961 *die Saturn-Electro-Handels GmbH & Co. KG.* Waffenschmidt machte sich den Wegfall der Preisbindung bei Schallplatten zunutze und gab die Mengenrabatte, die ihm die Firmen einräumten, an die Kunden weiter. Auf dem Kölner Hansaring eröffnete er Mitte der 1970-er Jahre die *„Größte Schallplattenschau der Welt."* Und ich war Kunde, kaufte dort meine ersten LPs und meinen ersten Plattenspieler.

Während der beiden letzten Semester im Hauptstudium (Schwerpunktfächer Marketing und Controlling) schrieb ich meine Graduierungsarbeit mit einem Thema zum direkten und indirekten Vertrieb des *Deutz* Motoren Vertragshändlers *Henkelhausen GmbH & Co. KG* in Krefeld. Damit war nach insgesamt sechs Semestern mein Studium beendet. An dem denkwürdigen Tag am 7.7.77 bestand ich die mündliche Prüfung mit der Note 1. Die Herren Prüfer hatten wohl etwas Mitleid mit mir, da meine

Graduierungsarbeit nur mit der Note 3 bewertet wurde, und das Abschlusszeugnis damit auf die Endnote 2,4 (Abschluss als Betriebswirt grad.) hochbewertet werden konnte.

Learning to Fly

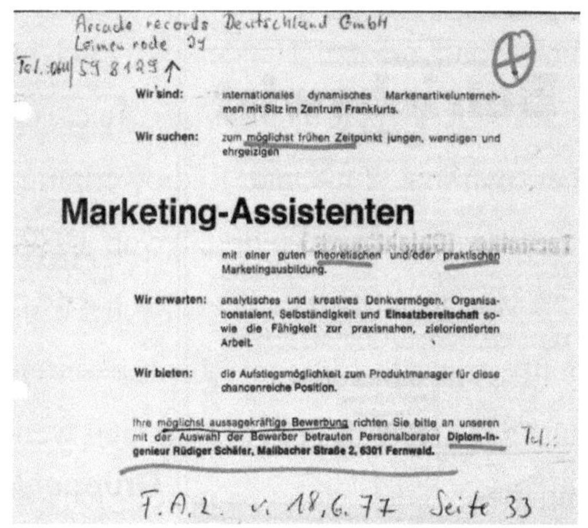

Am 15. August 1977 ging er los, der Ernst des Lebens! Mit der Bewerbung auf diese Anzeige in der FAZ vom Juni des gleichen Jahres. Das internationale, dynamische Markenartikelunternehmen war die *Arcade records (Deutschland) GmbH,* ein TV-Merchandiser. Der Start in mein Berufsleben nach dem Studium erfolgte im Musikgeschäft bei einer Schallplattenfirma! Beruf und Hobby vereint!

Umzug nach Frankfurt in die erste eigene Wohnung, 30 m² im Baumweg 44, Ecke Bergerstraße und 15 Minuten Fußweg zur Leimenrode 29, dem Standort von *Arcade.* Mein Schreibtisch aus

Habbelrath im Austausch mit dem Beifahrersitz im vollgeladenen Käfer als erstes Möbelstück für die neue Junggesellenheimstatt.

Das Geschäftsmodell des Medienunternehmens *Arcade*, englisches Unternehmen, schnell erklärt. Arcade erwirbt über seine A&R (Artists & Repertoire) - Abteilung Lizenzrechte von aktuellen Hits der nationalen und internationalen Schallplattenfirmen und vermarktet im Telefonverkauf an den Handel die Titel in „*Greatest Hits Alben*" bzw. „*Single Artist Compilations*" in ca. 6-wöchigen Kampagnen über massive TV- und Radiowerbung: „*Und nur von Arrrrrrcade!*" In Zahlen ausgedrückt von 1980: 100 Mio. DM Umsatz, ca. 20 Mio. DM Mediabudget. Nach 6 Monaten können bis dahin nicht verkaufte LPs und Musikcassetten vom Handel gegen Erstattung der Einstandspreise retourniert werden. Eine Zweitvermarktung dieser Titel erfolgt dann preisgünstig als sog. „*Deletions*", das sind entsprechend „beschädigte" und markierte Tonträger.

Die Aufgaben des Marketingteams: Auswertung der Hitparaden der Radiosender, z. B. von Bayern 3 mit den damaligen Discjockeys Thomas Gottschalk und Günther Jauch, und der Verkaufscharts über die Fa. *Media Control*, gegründet von Karlheinz Kögel, der auch beim Pop Shop bei SWF 3 gearbeitet hatte und später ein erfolgreicher Unternehmer wurde. Vorschlag von Titel,

Albumkonzepten und Künstler an die A& R-Abteilung mit Sitz in UK. Dann in Zusammenarbeit mit der Werbeagentur Erstellung der Platten Covers, Produktion der TV-Spots und im Tonstudio das Anspielen und Zusammenschneiden der Musiktitel (*Hanger*) sowie der „*Voice-over*", Aufnahme des Sprechers für die 30 bzw. 45 Sekundenspots.

Produkthistorie und Nostalgie: Das Unternehmen hatte bereits zwei Greatest Hits Alben von Elvis Presley veröffentlicht. Als Elvis dann 1977 starb (ein Tag nach meinem Start bei *Arcade*), gab es einen erneuten Release. Damit verkaufte *Arcade* dann insgesamt 1 Mio. LPs der Greatest Hits von Elvis Presley in Deutschland. Mit der gebuchten Werbepower musste immer der Massengeschmack bedient werden. So gehörten Single Artists wie Ernst Mosch (Egerländer Musikanten) oder Billy Vaughn (Saxofon Sound) ins Repertoire. Ebenso wie Kinderlieder und Marschmusik.

Einen Riesenerfolg hatten wir mit Peter Maffay und Hits wie „*Du*", „*Und es war Sommer*" und „*Josie.*" Ich war der Produktmanager für diese Platte und erfand den Titel „*Frei Sein*". Diese LP gibt es wohl immer noch im Back Katalog der Plattenfirma. Die Werbeagentur drehte dazu einen Fernsehspot, wie Peter Maffay als Biker über die Höhen von Mallorca brettert.

Als wir das Greatest Hits Album mit der englischen Band Hot Chocolate vorbereiteten, schoss deren neuester Hit „*No Doubt about it*" auf die ersten Plätze der Hitparaden in UK und Deutschland. Zur Produktion des „Hangers" für den Werbespot dieser Platte war ich in einem Studio im „Swinging London" in Soho.

Aus heutiger Sicht wirkt die Durchführung unserer Testmärkte zutiefst analog und im wahrsten Sinne des Wortes „Hands-on". In den zwei Testmärkten mit Werbekampagnen über den SFB in Berlin und den Saarländischen Rundfunk in Saarbrücken testeten wir, ob von uns entwickelte Produktkonzepte funktionierten und danach national geschaltet werden konnten. Mit dem Taxi fuhr ich durch Berlin oder durch das Saarland und machte Storechecks in definierten Schallplattenfachgeschäften und Kaufhäusern. Dort zählte ich den Bestand der Platten. Im Abgleich mit dem Sell-In dieser Geschäfte über den Telefonverkauf konnten wir dann den Sell-Out ermitteln und nach dieser Datenlage entscheiden, ob das Produkt bundesweit gelauncht werden konnte.

Ein bisschen Glamour neben der soliden Marketing-Arbeit gab es auch: Konzerte und Veranstaltungen inkl. Backstage Events, z. B. die Löwenparty von Radio Luxemburg und Besuch der Stars bei uns in der Leimenrode zur Überreichung der Goldenen Schallplatten. Um für einen Greatest Hits TV-Spot Tänzerinnen und

Tänzer zu haben, rekrutierten wir sie einmal samstagsnachts frisch von der Tanzfläche der Diskothek Dorian Grey unter der Halle C im Terminal 1 des Flughafens in Frankfurt. Bei dem Album *„Schunkellieder"* durfte die Arcade-Belegschaft für den TV-Spot „mitschunkeln".

1982 musste die *Arcade (records) Deutschland GmbH* Konkurs anmelden. Auch wegen einiger Flops und finanzieller Probleme. Vor allem aber waren die Schallplattenfirmen, insbesondere die großen in Deutschland wie *Ariola, Polydor, EMI Electrola, CBS* (jetzt *Sony*) und *Warner Brothers* auf die Idee gekommen, das von *K-Tel* und *Arcade* aufgebaute Marktsegment „TV Merchandising" durch eigenes Repertoire zu nutzen.

Video Killed the Radio Star

Mitte 1980 war ich allerdings schon weg, habe Frankfurt verlassen und bin nach Neuss gezogen, da mein neuer Arbeitgeber die *3M Deutschland GmbH* wurde mit einem Arbeitsvertrag, der durch einige Anpassungen und Anhänge modifiziert knapp 33 Jahre Gültigkeit haben sollte.

Von *Arcade* Tonträgern wechselte ich zu Video- und Audiocassetten der Marke *Scotch*, von bespielten zu unbespielten Medien, bekam als Produktgruppenleiter ein eigenes innenliegendes Büro und eine Sekretärin. Und wohnte 30 km entfernt von der Heimat, in einer der ältesten Städte Deutschlands, in Neuss am Rhein.

Das Geschäftsmodell: Die Vermarktung der *Scotch* Audio- und Videobänder an die Radio- und Fernsehfachgeschäfte und Kaufhäuser in Deutschland. In den 1980-er Jahren besuchten bis zu dreißig Außendienstmitarbeiter mit ihren Firmenwagen deutschlandweit den Handel, bis zu acht Fachhändler pro Tag und packten ihre ausgefüllten Auftragsformulare sowie Besuchsberichte abends in die Post an die Zentrale.

Berge von Papier und kostspielige Kleinteiligkeit in der Auftragsabwicklung und Logistik. Das galt auch für die Arbeit des Marketingteams mit Werbemitteln, Broschüren, Postern und Displays für die einzelnen Geschäfte sowie Schriftverkehr mit handgeschriebenen Briefen oder Diktaten für die Sekretärin. Vom Unterschreiben der vielen Werbekostenzuschüsse (mindestens 10 Mark) und Versandanweisungen für Musterlieferungen (WOB-Formular: Ware ohne Berechnung) wuchs mir mit der Zeit ein Knubbel am rechten Mittelfinger beim Halten des Schreibgeräts.

Als uns in Deutschland als Teil eines weltweiten Relaunchs der *Scotch* Videocassetten ein für damalige *3M* Verhältnisse ungewöhnlich hohes Marketingbudget zur Verfügung gestellt wurde, machte die Arbeit noch mehr Spaß. Denn jetzt schalteten wir Fernseh- und Anzeigenwerbung und präsentierten am POS (Point of Sales), z. B. in Kaufhäusern, durch Propagandistinnen unsere Ware. Quer durch Deutschland fuhren wir den überdimensionierten „Globe" (aus Plastik) auf einem Anhänger. Die große runde und farbige Weltkugel war das neue Markenzeichen der *Scotch* Videocassetten.

Etwas Technik: Im Gehäuse der Videocassette aus Plastik befindet sich ein mit Magnetpartikeln beschichtetes Band. Die Videocassette ist ein Datenträger in verschiedenen Standards: Datenformaten, Spiellängen und Kassettengrößen (VHS-, Betamax- und Video 2000 - Videokassetten) für analoge Video- und Tonsignale und digitale Videokassetten wie DV und mini DV für Aufzeichnungen im Schrägspurverfahren. VHS konnte sich seinerzeit als offener Standard am Markt erfolgreich durchsetzen.

1982 engagierte unsere Werbeagentur Franz Beckenbauer für eine WM-Promotion. Er kommentierte die 6 bis dahin schönsten WM-Tore der deutschen WM-Mannschaften, die wir auf Scotch Videocassetten aufspielten und in den Geschäften in speziellen Warenträgern verkauften. Seine Kommentare wurden in einem Studio in Hamburg aufgenommen. An einem Rosenmontag. Und ich musste am Rosenmontag dorthin reisen, an dem im Rheinland Karneval gefeiert wurde. Schon damals war der „Kaiser" für Markenartikler eine erfolgreiche Werbefigur. Auch diese Aufgabe meisterte er lässig mit seinem jovialen bayerischen Idiom. Teil der Vereinbarung mit Beckenbauer war auch seine Teilnahme (als Schiedsrichter und Autogrammschreiber) an unserer Verkaufskonferenz zur Vorstellung der WM-Promotion in der Sportschule Duisburg-Wedau.

1902 in USA als *Minnesota Mining & Manufacturing (3M)* entstanden, gehört Innovation zur DNA dieses weltweit tätigen Mischkonzerns. Ebenso wie Beschichtungstechnologien in allen möglichen Varianten und Materialzusammensetzungen. Mit Schleifmitteln ging es los. Bei den sog. magnetischen Produkten sorgt ein magnetisierbarer, z. B. durch Eisenoxyde, beschichteter Polyesterträger für Bilder und Töne, sobald er an einem Schreib- und Lesekopf des entsprechenden Laufwerks vorbeigeführt wird.

Die *3M* stellte auch Magnetbänder für professionelle Anwendungen in Fernsehanstalten und Tonstudios her. Ein Beispiel für Innovation: Mit *„Bop Till You Drop"* spielte Ry Cooder 1979 das erste digital aufgenommene Album der Rockgeschichte ein. Das digitale Masterband (32 Spur-Verfahren im 50kHz/16bit System) stammt von *3M*.

Zu meinen Aufgaben im Marketing gehörte auch die Organisation von Messen. Meine erste war direkt meine anstrengendste der vielen Messen, die da noch kommen sollten. Auf der IFA 1981 in Berlin hatten wir einen eigenen Stand: 10 Tage Messe, 400.000 Besucher inkl. der Rentner aus der DDR, im kalten Krieg, als amerikanischer Hersteller – und mit einem Manager, der dafür sorgte, dass wir noch vor dem ersten Messetag Änderungen am Stand vornehmen und auf Prospekte aus Neuss mitten in der Nacht warten mussten. Danach aß ich zur Stärkung ein Steak morgens um 5:00 Uhr in einem Restaurant: Berlin durchgehend geöffnet!

Das technologische Highlight der Internationalen Funkausstellung war die Vorstellung der Compact Disc auf einer Publikumsmesse. Einem Fachpublikum präsentierte der niederländische *Philips* Konzern die ersten Audio-CD- und CD-Spieler-Prototypen bereits am 8. März 1979. Kooperationspartner war *Sony* aus Japan. Durch diese offene Kooperation der beiden Tech-Giganten in der Unterhaltungsindustrie war der Erfolg der CD vorgezeichnet.

Eine bedeutende Transformation: Die Erfindung der Compact Disc revolutionierte die Musikindustrie und leitete die Wende von der analogen zur digitalen Technologie ein. Der neue Tonträger bestach durch seine hohe Klangqualität, einfaches Handling und Resistenz gegen Kratzer, die bei analogen Schallplatten häufig den Musikgenuss trübten. Weitere Innovationen im Bereich der digitalen Unterhaltungselektronik bauten auf der Entwicklung der CD auf, wie die DVD oder die Blu-ray Disc. Im August 1982 veröffentlichte ABBA die erste Audio CD *„The Visitors"*, gefolgt von Billy Joels *„52nd Street"* im Oktober 1982. Verkauft wurden die ersten CDs und CD-Player ab Anfang 1983.

Empire State of Mind (Part 2)

Zurück aus Berlin freute ich mich auf meinen Urlaub und die erste Reise über den großen Teich in die USA mit den Stationen New York City, Richland und San Francisco. Meine Schwester und ihr Mann wohnten zu dieser Zeit in Richland im Staate Washington an der Westküste der Vereinigten Staaten. Mein Schwager Klaus arbeitete dort als Expat für ein Partnerunternehmen der Fa. *Siemens*. Auszüge aus meinen Reiseberichten:

„Am 22. September 1981 zweiundsiebzig Stockwerke über New York. Auf der Besucher-Plattform des RCA-Gebäudes. Wolkenverhangener Himmel, durch die Sonne ab und zu ein paar Strahlen schickt. Das Empire State Building, zu dieser Zeit das dritthöchste Gebäude Welt, vor mir. Flugzeuge, die auf dem J. F. Kennedy-Flughafen starten und plötzlich durch die Wolken schießen, sind zum Greifen nach. Von unten tönt der der Lärm des Riesen-Moloch New York City nach hier oben, arbeitet und quält sich an den Wolkenkratzern hoch. Die unüberhörbaren Sirenen der Polizei – und Rettungsfahrzeuge geben den pulsierenden, überquellenden Rhythmus der Riesenstadt an. Hier oben über den „künstlichen" Dächern der Welt herrscht fast Windstille. Angenehm. Hubschrauber fliegen wie Mücken um erleuchtete Lampen an den Wolkenkratzern vorbei. In diesem Gewirr von Stein und

Stahl, gen Himmel gereckt wie Finger, die's dem da oben zeigen wollen, hat der Mensch sich selbst auf die schnurgeraden Straßen dazwischen und in die Hochhäuser verbannt."

Zwei Tage später besuchte ich das Word Trade Center, 107 Stockwerke hoch. Auf einem Prospekt des World Trade Center ist zu lesen: *„Don't touch the Stars!"*

Let's Dance

„Swing your Sweetheart", sagte der *Caller* durchs Mikrophon. Meine Schwester und mein Schwager waren Mitglieder der Prairie Schufflers, eines Square Dancing Clubs in Richland, bei dessen Training ich zu Gast sein durfte.

„Ca. sechzig Paare, Jung und Alt, die Frauen oftmals mit kurz über den Knien endeten plissierten Röcken gekleidet, die Männer mit bunten Hemden und Jeans. In Gruppen zu vier Paaren, werden Figuren getanzt, vom Caller angesagt, etwa „Circle Left" oder „Circle Right": Gruppen zu vier Paaren drehen sich jeweils links und rechts im Kreis. „Head Couples Go Inside, Do The Sha Ma Ma". Bei dem „Sweetheart" Kommando umfassen die Tänzer ihre Partnerinnen und drehen sich dabei, Hüfte an Hüfte, die Arme auf dem Rücken der Partnerin ruhend. Es gibt fünfundsechzig

Figuren. Angesagt als „Special Guest from Germany" musste ich mitmachen. Judy nahm sich meiner an."

Richland ist eine Kleinstadt der „Tri-Cities" mit Kennewick und Pascoe, zweihundert Meilen entfernt von Seattle, am Columbia River gelegen. 1981, hier in Richland sah ich zum ersten Mal einen Computer. Der Sohn der Nachbarn hatte wohl ein derartiges Gerät, das er als Computer bezeichnete.

An einem Wochenende machten wir einen Ausflug zum Wenatchee State Park West. *„Unsere Fahrt mit dem VW Rabbit meiner Gastgeber führt uns durch die Wüste auf meilenlangen geraden Straßenabschnitten, dann am Columbia River entlang, an einem Ort vorbei, der den beziehungsreichen Namen „Desert Aire" trug. Wir machen Halt im „Bavarian Village" in Leavonworth" und erreichen unser Ziel am „Lake Wenatchee". Der See hat eine glatte, grüne Oberfläche, in der sich durch die Sonneneinstrahlung die dichtbewaldeten und mit Wochenendhäusern umsäumten Seeufer spiegeln. Unberührte Natur am „Hidden Lake", eine halbe Meile Fußweg entfernt, in einem Talkessel, umragt von Felsenschiefer. Am Ufer beginnen die Blätter langsam herbstlich bunt zu werden. Dieser farbenprächtige Rahmen bietet einen harmonischen Kontrast zur grün schimmernden Wasserfläche. Hier oben bekommt man eine Ahnung davon, wie die Indianer und*

*später die ersten Weißen der Natur getrotzt und sie genutzt haben,
ohne sie dabei zu zerstören. "*

Scenes From an Italian Restaurant

*„Ich sitze hier an den Pieranlagen des Fischerorts Sausolito.
Die Sonne scheint mir ins Gesicht. Von hier hat man einen herrlichen Blick auf die Skyline von San Francisco und die Bay Bridge.
Zwischen Sausolito und der Bay Bridge liegt die ehemalige Gefängnisinsel Alcatraz. Hier hat wohl mal Al Capone, die bekannteste Gangstergröße der dreißiger Jahre, eingesessen. Im Vergleich zu New York ist San Francisco freundlicher, billiger,
überschaubarer, origineller und auf kleinstem Raum kosmopolitisch und international. Alte Chinesen auf Holzbänken in einer Nebenstraße in Chinatown ihr Pläuschen haltend, Hippies auf dem
Washington Square in North Beach, elegante Amerikaner in den
Avenues um die Market Street.*

*Hier hat jede der internationalen Küchen ihre Eigenarten und
Traditionen bewahrt. Da bestellt doch tatsächlich ein US-Boy in
einem italienischen Family-Style-Restaurant einen Hamburger.
Aber vielleicht schmecken die hier besser als in einem Fast Food
Restaurant. Dieses Restaurant bietet Cooking with Looking von
den Single Plätzen an der Theke. Ich kann in die dampfenden,*

brodelnden und siedenden Töpfe und Pfannen blicken und den schwitzenden, immer gestikulierenden Köchen dabei zuschauen, wie sie Teller um Teller mit duftenden Speisen zum Abholen durch die wild durcheinander wieselnden Kellner lautstark anpreisen.

Die Stadt besteht nicht nur aus unterschiedlichsten Küchendüften, sondern aus ganz eigentümlichen Geräuschen. Unter einigen Straßen surrt und summt es – bergauf und bergab. Die Seile der Cable Cars führen unter dem Asphalt diese „San Francisco Trams" und ziehen sie die Hügel hinauf. Ihr Personal besteht aus einem Bremser und einem Schaffner, der von jedem Fahrgast fünfzig Cent kassiert. An der Endstation angekommen, werden die Cable Cars auf einer Drehscheibe im Handbetrieb in die neue Fahrtrichtung gedreht."

Bette Davis Eyes

Kultureller Höhepunkt: *„Der Besuch eines Konzerts am 11. Oktober 1981 im ehrwürdigen Warfield Theatre in der Market Street. Kim Carnes, gerade mit ihrem Hit „Bette Davis Eyes" und der Rock'n'Roller Gary U.S. Bonds, jeweils mit hervorragender Begleitband auf Tour. Während Kim Carnes ihr Programm recht kühl und ohne Temperament abspult, reißt der Altstar, der nach*

18 Jahren wieder eine LP herausgebracht hat, die Besucher noch nachts um zwei Uhr von den Stühlen. Rock'n'Roll will never die!"

California Dreaming

Wieder in Deutschland schickte ich meiner Schwester und meinem Schwager ein „Mixed Tape" mit Eindrücken und Musikstücken meiner Reise in die USA nach Washington und Kalifornien als Erzähler und Diskjockey. Diese Form der audiophilen und individuellen Kommunikation war in den Siebziger und Achtziger Jahren ein schönes Hobby vieler junger Menschen, ganz persönliche Nachrichten und Lieblingsmusiktitel als „Mixed Tape" zusammenzustellen und auf die Reise an Freunde und Familienangehörige zu schicken bzw. zu verschenken. Möglich durch Miniaturisierung und Nutzung weltweit etablierter Formate und einheitlicher Verfahren. Und damit sind wir bei der Compact Cassette angekommen, die wir bei der *3M* herstellten und vermarkteten als *Scotch* Compact Cassetten in bis zu vier unterschiedlichen Typen- Bezeichnungen für die verschiedenen Beschichtungsmaterialien, z. B. Eisen, Chrome, Superchrome und Metall (Reineisen). Die mit Chrome beschichteten Cassetten waren die meistverkauften.

Technische Informationen zu Produktentwicklungen im eigenen Hause, Markt- und Wettbewerbsberichte sowie interne Neuigkeiten aus dem Unternehmen oder der Abteilung veröffentlichten wir im Marketing durch eine monatliche „Hauspostille", die wir „Bandwurm" nannten. Was ich hier zu Anfang meiner Marketingzeit bei *3M* lernte: Wie komplex und herausfordernd die Herstellung von unbespielten Medien war. Wie wichtig Patente, am Markt etablierte Standards, mit Wettbewerbern vereinbarte Kooperationen und schließlich die Zusammenarbeit mit Hardware- bzw. Laufwerksherstellern für uns Medienhersteller war und ist.

Weil diese technischen und industriellen Voraussetzungen von den beteiligten Playern im Markt geschaffen wurden, konnte sich die von Philipps entwickelte Compact Cassette (mit einem 3,81 mm starken Band und einer Geschwindigkeit von 4,7625 cm/s, verbessert durch Rauschunterdrückung Dolby-B und verfeinerte Beschichtungsverfahren) zu einem massentauglichen Produkt mausern. Der Erfolg der Compact Cassette war so durchschlagend, dass ab 1983 die Umsätze mit vorbespielten Cassetten, die von Schallplatten erstmals überflügelten. Das lag sicher auch am Walkman, 1979 von *Sony* vorgestellt. In den 1980-er Jahren war der Walkman unter den Jugendlichen ein wichtiges Statussymbol und Ausdruck von Coolness und Mobilität. Schon ein erster -

zunächst analoger Vorgeschmack - auf MP3 Player und später die Smart Phones als Alleskönner. Von Geräten mit dem Markennamen *Walkman* wurden bis zum Jahr 2004 ca. 335 Millionen Stück verkauft. Später gab es auch die digitale Version mit dem *Discman*.

Kristallnaach

An dieser Stelle des Buches stelle ich zwei Menschen vor, die mich als Weggefährten in Literatur und Musik beeinflusst haben. Beide stammen aus Köln, genauer gesagt aus der Kölner Südstadt: Heinrich Böll und Wolfgang Niedecken. Heinrich Böll war der erste deutsche Nobelpreisträger für Literatur nach Hermann Hesse, der den Nobelpreis 1946 erhalten hat, Heinrich Böll 1972.

Bekannt wurde Böll durch die sog. Trümmerliteratur. Er gab den Soldaten, den Heimkehrern, den nach dem Krieg Gescheiterten und Gebrochenen eine authentische Stimme, er schilderte ihre Ängste, ihre Zerrissenheit, aber auch ihre Hoffnungen auf ein besseres Leben. Eine Kurzgeschichte aus dieser Zeit habe ich immer präsent: *„An der Brücke"*, 1949 geschrieben. Ein kriegsversehrter Heimkehrer hat den Job, die Fußgänger, die über eine Brücke gehen, zu zählen. Er erfüllt diese Aufgabe, nur „seine ungezählte Geliebte" lässt er weg, sie geht nie in die Statistik ein. Seine kleine

Rache an den Oberstatistiker, seinen Vorgesetzten. Er opponiert, er mischt sich ein.

Zahlen: In unserem beruflichen und privaten Alltag sind Zahlen als Kennziffern und als Ergebnisse unverzichtbar, sie geben unseren Aktivitäten Struktur und machen sie berechen-, vergleich- und kontrollierbar. Aber Zahlen können auch willkürlich, Makulatur und manipuliert sein. Menschen und Zahlen, zwei Seiten einer Medaille. Um das Ganze auf die Spitze zu treiben: Binäre Zahlen 0 und 1, Strom und kein Strom. Das ist die Basis der Digitalisierung. Die größte Transformation. Und sie beginnt in dieser Doppeldekade!

In den 1970-er und 1980-er Jahren, in dieser politisch ungemein aufgeladenen Zeit, ist Heinrich Böll mittendrin im gesellschaftlichen Diskurs. Durch Reden, Teilnahme an Friedens- und Anti-Atomkraft-Demonstrationen, durch Interviews und Zeitungsartikel, aber auch durch Taten. Er kümmert sich im aufgeheizten Ost-West-Konflikt um die russischen Dissidenten Lew Kopelew und Alexander Solschenizyn. Und er ist im Clinch mit der Springer-Presse. Aber auch seine Bücher nehmen diese Themen auf, insbesondere sein Roman „*Die verlorene Ehre der Katharina Blum.*“ Er weist auf die Bedeutung des Untertitels dieses Romans explizit hin: „*Wie Gewalt entstehen und wohin sie führen kann.*“ Gewalt gegen den Staat, aber auch die Gewalt des Staates gegen ggf. unschuldige Menschen. Überhaupt sein Menschenbild, seine Menschen-freundlichkeit, seine Toleranz gegenüber Andersdenkenden und -Handelnden.

Diese Eigenschaften von Heinrich Böll und seiner Protagonisten in seinen Büchern beeindrucken Wolfgang Niedecken am meisten. Wolfgang Niedecken lernte Böll auch persönlich kennen. In einem Gespräch in Bölls Haus in Kreuzau-Langenbroich, fürs Fernsehen aufgenommen. Ein Jahr vor dem Tod von Heinrich Böll am 16. Juli 1985. Böll ermunterte darin Niedecken, seine Songs weiter in Kölsch zu singen, um das *„allzu sehr in Gemütlichkeit versunkene Kölsch wieder zum Leben zu erwecken.“*

Dies beherzigen Wolfgang Niedecken mit seiner Gruppe BAP auch in ihrem Song *Kristallnaach*, BAPs rockigster Protestsong. Hier werden die Schwächen, das Angepasst sein und die Machenschaften der Menschen schonungslos offengelegt, auch wenn der historische Bezug des Titels überzeichnet ist. Mit meinem Freund Rainer habe ich als einziges Konzert von BAP den Gig am 13. November 1984 im Essener Saalbau live miterlebt. Und *Kristallnaach* war auch dabei!

Private Dancer

Am 1. Mai 1985 hatte ich die zweite Begegnung mit Tina Turner. An diesem Tag besuchten meine (spätere) Frau und ich ihr Konzert in der Kölner Sporthalle. Uns begeisterte eine andere, eine neue Tina Turner, ohne ihren Ehemann Ike. Was für ein Comeback. Kein schwitzender, stampfender Soul mehr, sondern eingängige Rocknummern und Songs, geschrieben und produziert von der Elite in der Popmusik. Den Titelsong des Albums und der Welttournee in 185 Städte *Private Dancer* hat Mark Knopfler von den Dire Straits komponiert.

Die drei Jahre bei *Arcade* in der Musikindustrie hatten noch angenehme Nachwirkungen. Durch meinen damaligen Kollegen, der mittlerweile bei der *CBS* (jetzt *Sony*) arbeitete, wurde ich reichlich eingedeckt mit LPs und später auch CDs. In dieser Zeit bekam ich auch den Anruf eines Headhunters, der die Position eines Product Managers bei der *EMI Electrola* zu besetzen hatte. Beim Präsentationstermin in der Kölner Zentrale mit dem langjährigen Geschäftsführer der *EMI* in Deutschland Helmut Fest, stellte es sich allerdings heraus, dass *EMI* einen Product Manager für Klassik und nicht für Popmusik suchte!

Damit war ich raus. Wohl zur gleichen Zeit hat Tina Turner Erwin Bach, ihren späteren zweiten Ehemann kennengelernt. Und der arbeitete bei der *EMI* in Köln und holte Tina Turner 1985 auf Ihrer Tournee vom Flughafen in Düsseldorf ab. Seit dieser Zeit waren sie zusammen, genossen ihr gemeinsames Leben und residierten in einem mondänen Chalet am Zürichsee. Bis zu dem Tag, als Tina Turner am 24. Mai 2023 mit 83 Jahren starb.

Magic Moments

Eines Sonntags im Jahr 1974 sang Art Fry, ein Entwickler neuer Produkte bei 3M, in seinem Kirchenchor. *"Ich stellte fest, dass das kleine Stück Papier, mit dem ich die Noten markierte, herausgefallen war, so dass ich suchen musste, um die richtige Seite zu finden. Es folgte eine langweilige Predigt. Meine Gedanken wanderten zurück zu dem Problem mit den Noten, als ich einen dieser 'Geistesblitze' hatte. Heureka! Mit einem neu erfundenen Klebstoff konnte ich ein Lesezeichen herstellen, das sich aufkleben und wieder entfernen ließ, ohne das Buch zu beschädigen."*

Die Vorgeschichte: Im Jahr 1970 versuchte Spencer Silver, ein Chemiker bei *3M*, einen starken Klebstoff zu entwickeln. Doch sein neuer Klebstoff war eher superschwach als superstark. Er klebte zwar an Gegenständen, ließ sich aber leicht wieder ablösen. Niemand wusste, was er damit anfangen sollte, aber Silver warf seinen neuen Klebstoff nicht weg. Was geschah, nachdem Fry erkannt hatte, dass dieser neue Klebstoff ein selbstklebendes Lesezeichen sein könnte? *"Am nächsten Tag bereitete ich auf der Arbeit einige Muster des Lesezeichens vor. Meine Kollegen begannen, ihre Lesezeichenmuster als Notizen zu verwenden, und kamen bald zu mir an den Schreibtisch, um mir zu sagen, dass sie danach süchtig seien und mehr Muster verlangten. Als sich der Kreis der Süchtigen in unserem Produktentwicklungslabor schnell vergrößerte, kam ich zu der sehr aufregenden und befriedigenden Erkenntnis, dass diese kleinen, selbsthaftenden Notizen ein sehr nützliches Produkt waren. Wir erkannten, dass es sich nicht nur um ein Lesezeichen handelte, sondern um eine neue Art, Informationen zu vermitteln oder zu organisieren. Die Post-it Note war geboren. Dies war nur der Anfang des Innovationsprozesses. Muster mussten für jede Anwendung getestet werden, die wir uns vorstellen konnten. Wir hatten Herausforderungen bei der Herstellung, Qualität, Verpackung und dem Vertrieb zu lösen. Es brauchte viele von uns, um diese Probleme zu lösen, und wir fühlen uns alle gut mit dem, was wir getan haben. Meine Befriedigung bestand immer darin, Dinge herzustellen, die die Menschen wirklich brauchen, aber nicht selbst herstellen können. Wenn diese Dinge auch nach meinem Tod noch benutzt werden, ist es, als würde ein Teil von mir für immer weiterleben."*

Diese wohl bekannteste „Innovationsstory" von *3M* zeigt anschaulich, dass Menschen Erfindungen machen, wenn sie forschen, experimentieren, tüfteln und innovativ sind. Und es Zufälle, Gelegenheiten und oftmals Zeit und Geduld braucht, damit es „klick macht"! *3M* versucht, diese „Ich-hab's-gefunden-Momente" zu systematisieren. Die Techniker und Entwickler nutzen einen Teil ihrer Arbeitszeit zur Entwicklung eigener Ideen und Produkte bzw. Produktanwendungen.

Mitte der 1980-er Jahre war mein Chef als Marketingleiter für die Markteinführung von *Post-It* in Deutschland verantwortlich. Ich war nah dran an der Umsetzung der Marketingpläne. Die Marktreife und der geniale Name des Produkts machen den Erfolg aus. *Post-It* wird in mehr als 100 Ländern vermarktet. Und es gibt natürlich längst digitale Versionen davon.

Der Traum eines jeden Marketers ist hier wahr geworden: Name und Produkt sind eins! Die vielen Nachahmer nennen ihre Produkte profan Haftnotizen. Das ist der *3M* schon einmal gelungen: In den USA ist der Name für das Klebeband *Scotch* wie in Deutschland *Tesa*.

Someone Like You

Nicht nur beruflich lief es gut für mich in Neuss, sondern auch privat. Arbeitskollegen luden mich ein – in die Neusser Kneipen- und Düsseldorfer Disco-Szene. Besonders die In-Kneipe „Ossi" in Neuss wurde für uns zum Treffpunkt an den Wochenenden bei lauter Musik und Altbier. Hier traf ich Marion zum ersten Mal, die auch bei *3M* arbeitete. Und wie das Leben so spielt und Amor so zielt, waren wir als Paar zu einer Silvesterfeier 1982/83 mit Freunden und Kollegen ins Rheinpark Hotel nach Neuss eingeladen. Und da hat der Pfeil wohl getroffen. Seit dieser Zeit sind wir zusammen, Ende 1983 in die gemeinsame Eigentumswohnung nach Dormagen-Nievenheim gezogen. Fünf Jahre später waren wir verheiratet.

„Unser Ziel ist, einander zu erkennen

und einer im anderen das zu sehen und ehren zu lernen,

was es ist: des anderen Gegenstück und Ergänzung"

Das sind die Worte von Hermann Hesse, gefunden auf einer der vielen Grußkarten zu unserer Hochzeit. In der Zollfeste Zons, einem Ortsteil von Dormagen wurde geheiratet, 615 Jahre nach dem 1372 Erzbischof Friedrich von Saarwerden damit begann, diesen Ort mit einer 1,1 km langen Stadtmauer zu umgrenzen, am 29. Mai

1987. In der Pfarrkirche St. Martinus. Ökumenisch mit 2 Pfarrern unter katholischer Ausrichtung. Diaspora for ever!

Mit einer großen Hochzeitsgesellschaft wurde gefeiert: Familie, Freunde, Nachbarn und Kolleginnen und Kollegen von *3M*.

Wind of Change

Ich hatte das Glück, den großen Vorteil der *3M* zu nutzen. Aufgrund ihrer Technologie- und Produktvielfalt ist die *3M* als Mischkonzern in vielen Märkten weltweit aktiv. So auch damals in der Druckindustrie mit grafischen Filmen und dem Proofsystem Matchprint. Ich lernte durch die privaten Aktivitäten in Neuss einen echten „Nüsser Jong" kennen, Chef der Abteilung „Grafische Produkte", Porschefahrer und Fan des 1. FC Köln! Er holte mich Mitte 1986 in sein Team mit der Zielsetzung, eine Marketingabteilung aufzubauen und die Zusammenarbeit mit den grafischen Händlern zu verbessern.

Und so erlebte ich vier furiose Jahre! B2B statt B2C. Die Vermarktung von Verbrauchsmaterialien für die Druckindustrie war nicht so stressig wie das Consumer Geschäft in der wettbewerbsintensiven Elektronikindustrie. Eine sehr traditionsbewusste Industrie. Johannes Gutenberg (1400 bis 1469) aus Mainz lässt

grüßen. Die Komponenten aus beweglichen Lettern, einem Hand-
gießinstrument, eine besonders praktikable Legierung aus Zinn,
Blei und Antimon sowie eine ölhaltige schwarze Druckfarbe
führte Gutenberg zu einem effizienten Produktionsprozess zusammen, der erstmals die manufakturmäßige Herstellung von Büchern
mit identischem Text ermöglichte.

Ich erlebte allerdings in der zweiten Hälfte der 1980-er Jahre
auch die dramatischen Jahre des Wandels in diesem alten Ge-
werbe. Damals gab es noch *Berthold* und *Linotype*-Setzmaschinen
und Schriftsetzer, die diese Maschinen bedienten. Druckvorlagen-
hersteller in der Reprofotografie, Reproretusche und Reprovorbe-
reitung arbeiteten mit den Farbfilmen Cyan, Magenta, Gelb und
Schwarz, die auch *3M* herstellte. Texte und Bilder wurden in den
genormten Druckfarben möglichst originalgetreu wiedergegeben.
In einem Maschinenlauf konnten diese Farben nacheinander gedruckt werden. Beim Druck von Schmuckfarben, zum Beispiel
beim Verpackungsdruck, wurden fertig gemischte Druckfarben
eingesetzt.

Die modernen Druckmaschinen im Offset- und Tiefdruck über-
tragen die Druckfarbe von einem Druckzylinder auf Bogen oder
Bahnen des Bedruckstoffes. Druckmaschinen im Bahnendruck,
wie der Rollenoffset und der Rotationstiefdruck, können

Geschwindigkeiten zwischen 600 und 900 Metern pro Minute erreichen. Die Maschinen im Bogendruck sind allgemein langsamer, können jedoch Bogen aus Karton, Blech und Kunststoff bedrucken.

Im kapitalintensiven Tiefdruck von Unternehmen wie Bertelsmann und Burda mit ihren Druckmaschinen von *Heidelberger* und *Roland* zur Herstellung von auflagenstarken Druckerzeugnissen, z. B. Kataloge und Prospekte, kamen Proof Systeme in der Druckvorstufe zum Einsatz. Sie sollten dem Drucker vor dem Anfahren der Druckerpresse „farbgetreu" zeigen, wie das fertige Druckerzeugnis später aussieht. Das Pendant zu Cromalin von *Dupont* war Matchprint von *3M*. Die über diese Systeme erzeugten Proofs dienten zur Freigabe und Genehmigung der Drucke. Schon bald hieß die damals noch sehr komplexe und aufwändige, handwerklich geprägte Druckvorstufe Workflow. Alle Prozesse wurden über die Workstation am Bildschirm gesteuert und Proofs über digitale Inkjet Printer ausgedruckt. Das Desktop-Publishing begann seinen Siegeszug.

Unser Technikchef, gelernter Drucker und auch passionierter Jäger, bestand darauf, dass ich gegautscht wurde! Gautschen ist Buchdruckerbrauch aus dem 16. Jahrhundert, bei dem ein Lehrling nach bestandener Abschlussprüfung im Rahmen einer

Freisprechungszeremonie in einer Bütte untergetaucht wird. Also wurde auf unserem Firmenparkplatz ein Holzbottich aufgestellt und mit kaltem Wasser befüllt. Mit Badehose bekleidet musste ich mich in diesen Bottich stellen, kurz untertauchen, einen wärmenden Schnaps trinken und den Gautschspruch nachsprechen.

Zur Aus- und Weiterbildung bei *3M* gehörten regelmäßig durchgeführte Trainingsprogramme. Praktischerweise waren die Personaler im Unternehmen auch Trainer. Es gab nur eine Ausnahme: Den frisch rekrutierten Reinhard K. Sprenger, der aus dem Düsseldorfer Kultusministerium kommend, eingestellt wurde, um den Division Manager zu coachen. Und auch Trainings durchführte. Zum Beispiel mit dem Führungsteam der Abteilung Grafische Produkte. Die vier Führungskräfte der Abteilugen begaben sich also in das Privathaus von Sprenger in Essen, um ein zweitägiges intensives Teamtraining durchzuführen. Die individuellen Trainingsergebnisse hingen dann, gedruckt und in Bilderrahmen ausgestellt, für jeden sichtbar in den Büros jedes Trainingsteilnehmers. Mit dem Satz beginnend *„Ich will mich ändern"* und dann zehn Änderungsthemen aufführend. Unser Division Manager schaute sich das an und sagte dazu: *„Das ist ja wie in der DDR!"*

Reinhard K. Sprenger startete seine Karriere bei der 3M. 1990 macht er sich als freier Vortragsredner, Trainer und Berater für

Personalentwicklung selbständig, berät heute DAX-Firmen und zählt mit seinem Œuvre zu den bedeutendsten Autoren deutscher Managementliteratur. Sein wohl bekanntestes Buch „*Mythos Motivation*“.

Der Wind des Wandels wurde 1989 zu einem Orkan, als die Mauer fiel und friedliche Bürger in der DDR die Freiheit erkämpft hatten und Deutschland wiedervereinigt werden konnte. Am Tag, als ich diese Zeilen schreibe, lese ich in der *FAZ* vom Tod des italienischen Journalisten und Korrespondenten in Deutschland Ricardo Ehrman. Er hakte nach und fragte Günter Schabowski in der berühmten Pressekonferenz am 9. November 1989: „*Glauben Sie nicht, dass es war eine große Fehler, diese Reisegesetzentwurf, das Sie haben vorgestellt vor wenigen Tagen?*“ Schabowski wurde unruhig. Er begründete zunächst die Entscheidung und sagte dann auf weitere Nachfragen der Journalisten: „*Privatreisen nach dem Ausland... ohne Vorliegen von Voraussetzungen werden kurzfristig erteilt.*“ Ehrman fragte: „*Ohne Pass?*“ Andere fragten: „*Ab sofort?*“ Ehrman: „*Ab wann?*“ Und Schabowski schaute auf seinen Zettel und rang sich zu den Worten durch: „*Das tritt nach meiner Kenntnis ...ist das sofort, unverzüglich.*“

The Final Countdown

Das „Finale Furioso" in meiner Zeit bei den „Grafikern" war die DUPRA 1990! Die alle fünf Jahre stattfindende Weltleitmesse der Druck- und Papierindustrie. Düsseldorf 14 Messetage im Ausnahmezustand mit einer Ausstellungsfläche von 126.811 m², 444.214 Besuchern und 1760 Ausstellern aus 36 Ländern. Die Besonderheit in Halle 1: Maschinenlärm, Geruch von Papier und Öl. *Heidelberger* Druckmaschinen, der Weltmarktführer, produzierte dort auf einer voll funktionsfähigen Bogenoffset Druckanlage, die halbe Halle einnehmend.

Die Neuss-Grevenbroicher Zeitung schrieb im Mai 1990: *„Der Anspruch unserer Firma hat sich geändert. Wir sind nicht nur wegen der Aufträge hier. Es geht vor allem um die Kontakte zum Kunden. Manfred Kremer* (Mein Kollege von der Pressestelle) *von der 3M Deutschland GmbH mit Sitz in Neuss will vor allem zeigen, was sein Unternehmen zu bieten hat. Und das ist im Bereich der grafischen Systeme eine Menge. „Wir stellen hier auch eine Weltneuheit vor," sagt Marketing Gruppenleiter Paul Koglin. Es handelt sich um das erste vollautomatische filmlose System, welches digitale Daten verwendet, um reproduzierbare hochauflösende Rasterproofs im A2-Format in 16 Minuten auf jedes Trägermaterial (Farbe auf Papier) zu erzeugen. 3M Deutschland beschäftigt* *in Neuss etwa 1300 Mitarbeiter* (Umsatz 2020: 2,37 Mrd. €, Mitarbeiter: 6553). *Auch bei der DUPRA fühlt sich das Unternehmen zur linken Rheinseite verbunden. „Was zu ‚Aprés dupra' gehört, wird bei uns in Neuss abgewickelt (Koglin)."*

Ja, diese Truppe war feierwütig! Anlässe dazu gab es genügend, vor allem Händlermeetings und Verkaufskonferenzen, aber auch Messen. Während der DUPRA jeden Abend Party mit Kunden, *3M* Kollegen aus dem Ausland und der Messe-Crew. 14 Tage am Stück!

Die Messevorbereitung war bizarr. Wir vom deutschen Team durften nichts über die oben beschriebene Weltneuheit wissen, sondern nur den dafür notwendigen Platz auf dem Stand mit den entsprechenden Anschlüssen und Verkabelungen zur Verfügung stellen. Dann reisten die Techniker in Mannschaftsstärke aus dem Labor in den USA an, packten die gerade noch rechtzeitig angekommenen Kisten aus, bauten alles auf und bastelten hinter einem Vorhang in ihren dunkelbraunen Kitteln bis auf den letzten Drücker an der Präsentation der neuen Anlage.

Più Bella Cosa

Das Bezugsland für unser Geschäft war seinerzeit Italien. In mehrfacher Hinsicht. Das *3M* Werk in Ferrania in der Nähe von Savona in Ligurien produzierte grafische Filme, Foto- und Röntgenfilme für den europäischen Markt. Labor und Technischer Service hatten dort ihren Sitz. Ein intensiver Austausch zwischen den italienischen und deutschen Kollegen prägte den Arbeitsalltag. Deutscher Perfektionsdrang prallte auf italienisches Improvisationstalent! *„Molto bene! Pronto!"*

„Campionato Mondiale Di Calcio!" Zur Fußball WM 1990 in Italien hatten wir Tickets für unsere wichtigsten Händler und ein schönes Rahmenprogramm organsiert. Bereits als Vorhut mit dem Auto nach Norditalien gereist, erwarteten Marion und ich unsere Kunden in Menaggio am Comer See. Das Grand Hotel Victoria unter der Leitung von einem „Direttore" bot einen imposanten Aufenthalt und idealen Startpunkt zu den Spielen der deutschen Mannschaft im Guiseppe-Meazza-Stadion in Mailand.

Am 10. Juni 1990 fing unser Fußballabenteuer in Italien an. Mit dem hoteleigenen Schiff steuerten wir zunächst die Insel Comacina an, verweilten dort bei köstlichen Speisen und Getränken auf der Terrasse eines Restaurants mit herrlichem Blick auf die Küste des Comer Sees, um dann nach Como weiterzufahren. Dort brachte uns ein bereitstehender Bus ins Stadion zum ersten Match der WM für das deutsche Team. Lother Matthäus, Deutschlands Rekordnationalspieler, machte dort wohl das beste Spiel seiner langen Karriere und schoss zwei Tore zum 4:1 Auftaktsieg der deutschen Mannschaft gegen Jugoslawien. Historisch: Das gerade wieder vereinigte Deutschland wurde Fußballweltmeister und Jugoslawien zerfiel im bald folgenden Balkankrieg.

Both Sides Now

Im ureigenen *3M* Kosmos galt es nun, den nächsten Schritt nach oben zu machen und zur Seite, die andere Seite zusätzlich zum Marketing, den Vertrieb kennenzulernen. Als Abteilungsleiter, Manager. Dazu wechselte ich in die Nachbarabteilung „Medical Imaging" und in den Vertrieb als regionaler Verkaufsleiter und Leiter technische Verkaufsförderung. Obendrauf die entsprechenden festgeschriebenen „Manager" Insignien: Eigenes Büro mit Holzschreibtisch in hellbraunem Nussbaum, Schreibtischstuhl in dunkelbraunem Cord und Telefonanlage mit vielen Knöpfen und einem zur Sekretärin. Gardinen gab es noch nicht, aber gelbe Vorhänge. Ach ja, der 5-er BMW rundete das Package ab. Im Büro standen jetzt auch diese dicken gräulichen Kästen. Auf grünlich schimmernden Bildschirmen tauchten in gelblicher Leuchtschrift

Buchstaben auf, über eine schreibmaschinenähnliche Tastatur getippt. Die Digitalisierung hielt Einzug ins Büro.

Das Beste an diesem Jobwechsel waren die Menschen, die ich „führen" durfte. Gestandene Außendienstmitarbeiter, Vertriebler, Schlitzohren mit Ecken und Kanten. Zum Beispiel „Kalli" aus Köln. Ein Beziehungsverkäufer vor dem Herrn. Mit hervorragenden Kontakten zu seinen Kunden, Radiologen und Chefärzte der radiologischen Abteilungen der Krankenhäuser im Rheinland. Kalli war persönlich beleidigt, wenn ein Kunde „seine" Röntgenfilme und Entwicklungsmaschinen und -chemikalien nicht kaufen wollte. Ein unvergessliches Erlebnis: Auf einer Mitreise, es war ein heißer Tag im Sommer 1990, hatten wir erst dem Chefarzt der Radiologie in einem Kölner Krankenhaus einen Besuch abgestattet, um dann in seinem Bungalow die Verkaufsgespräche fortzusetzen. Dort angekommen wurden wir von der netten Professorengattin zum Schwimmen im hauseigenen Pool eingeladen. Keine Badehose dabei? Egal! Nackt wie Gott uns schuf, erfrischten wir uns im kühlen Nass!

Kallis Kollege in Hessen wandte einen idealen Trick an, um den Radiologen zu beweisen, wie hochauflösend der *3M* Mammografie Film ist, in dem er bei einer meiner Mitreisen vor dem Besuch im Krankenhaus vorher noch kurz beim Metzger reinsprang und

500 g Presssack, eine Brüh-, Koch- oder Blutwurstsorte aus Schweinefleisch, besorgte, die er dann zwecks Aufnahme brustgleich auf das Mammografie-Röntgengerät legte. Die fachmännische Befundung auf dem *3M* Filmmedium fand dann am Leuchtkasten statt.

Ich sollte den auf Endkunden ausgerichteten Verkäufern vor allem beibringen, die Fachhändler für Röntgenprodukte nicht als „Ganoven und Wegelagerer" zu betrachten, sondern als Vertriebspartner, die viel effizienter und kostengünstiger die logistischen Aufgaben wahrnehmen können als ein Hersteller wie *3M*. Also wurden Händlerverträge leistungsbezogen optimiert und ein konkurrenzfähiges Preisgefüge nach Handelsstufen etabliert.

Miracle of Love

Das Jahr 1991 endete mit einem Wunder, einem Wunder der Liebe und des Lebens. Unsere Tochter Lisa wurde geboren. „Zwischen den Jahren!" Am 28. Dezember. Sie war ausgezählt für den 20. Januar des folgenden Jahres. Aber sie hatte es schon bei ihrer Geburt eilig, sehr wiss- und lernbegierig so schnell wie möglich die Welt zu erkunden. Dazu waren allerdings auch das Zureden und der heftige Druck auf den Bauch meiner Frau der rustikalen russischen Ärztin, die an jenem Abend Dienst hatte, notwendig.

Als ich das jetzt niederschreibe, ist mir endlich klar geworden, warum Lisa Frauen „Olga“ mit slawischem Akzent so treffend und auf Knopfdruck nachsprechen kann.

Bildmontage aus kostenloser Bilddatei, (© Herbie Neimeier, privat)

Familienbild der 50er Jahre (© privat)

Das erste Auto der Familie

Fussballspiel *KHD* Werbeabteilung gegen *KHD* Motorenvertrieb –

Ich bin der dritte von rechts (© F.A. Preker)

Goldene Schallplatten bei *Arcade*

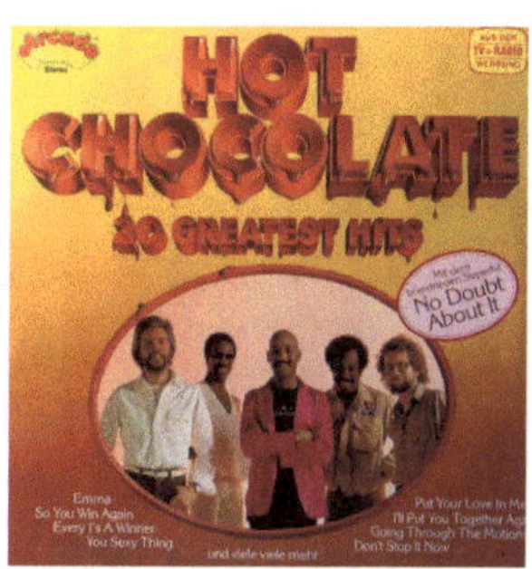

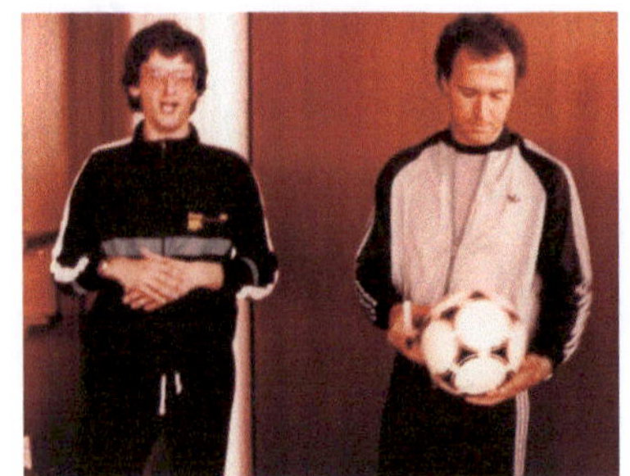

Mit Franz Beckenbauer

Bei *3M* in St. Paul im November 1995

Mit Heinz-Harald Frentzen

Imation Messestand auf der CeBIT 2000 mit dem Jordan Formel 1 Boliden

(© Nik Nengelken)

Tanzkurs nach dem Tanzen (© privat)

Arbeitskreis nach der Arbeit (© privat)

III.

1992 – 2011

„The Times They Are a-Changin' "

America

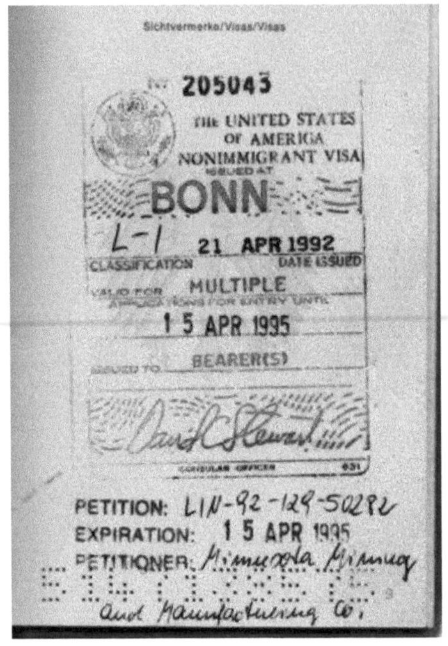

Es ist der 28. Mai 1992. Christi Himmelfahrt. Wir sind für wahr auf keinem Himmelfahrtskommando. Zwar dem Himmel sehr nah. Vor uns unsere Tochter Lisa im Babybett eingehakt an der Stirnwand in der ersten Reihe der Business Class in 10 km Höhe auf dem Lufthansa-Flug von Düsseldorf nach Chicago. Vor ihren Eltern schlafend und träumend. Der Zweck der Reise ist mein beruflicher Aufenthalt in den USA. In der Hauptverwaltung der 3M in St. Paul im Staate Minnesota. Das gerade neu gebaute und vor einem Jahr bezogene Haus haben wir der Obhut der Schwiegereltern überlassen.

Die Vorgeschichte: Wie das so ist bei Konzernen, wurde vom Geschäftsbereich „Medical Imaging" ein Budget für den maximal zweijährigen Aufenthalt eines europäischen Expats im *3M* Head Quarter in St. Paul eingeplant und genehmigt, aber von dem dafür vorgesehenen Kandidaten im europäischen Management nicht angetreten. Und so wurde ich gefragt. Der Familienrat tagte kurz und stimmte zu. Nach Visa-Erteilung für meine Frau und mich, nach einem sog. Pre-Move-Visit mit der Auswahl eines Mietshauses in White Bear Lake, einem Vorort von Saint Paul und dem Verpacken und Versenden des notwendigen Hab und Gut, sitzen wir im Flieger. Über die Zwischenstation Chicago O'hare im Weiterflug nach Minneapolis-Saint Paul International Airport.

Alles perfekt organisiert und vorbereitet. Wir blieben noch 3 Tage im Hotel und konnten dann ins Haus in die Anderlie Lane Nr. 1750 in White Bear Lake einziehen, gerade verlassen vom Eigentümer, der mit seiner Familie zu einem beruflichen Auslandsaufenthalt nach Brüssel aufgebrochen war. Einfamilienhäuser mit Doppelgaragen um einen kleinen See (Pond) errichtet im typisch amerikanischen Baustil. Die Möbel gemietet, ebenso der Fernseher. Mit kompletter Küche und der Waschmaschine im Durchgang zur Garage. Der Mann vom lokalen TV-Kabelanbieter rollt den Rollrasen auf und verlegt darunter das Anschlusskabel. Im Keller die Luftheizung: Schalter nach rechts für Wärme im Winter, Schalter nach links für Aircondition im Sommer. Nach ein paar Tagen kamen dann auch unsere Sachen aus Deutschland und der Minnesota Sommer konnte beginnen. Easy Living! Zum Hausstand gesellte sich noch ein neuer Ford Escort Waggon mit

Gangschaltung vom größten Ford-Händler in Saint Paul als Fortbewegungsmittel für meine Frau und Baby Lisa mit den „*Gerber Cheeks*": Was in Deutschland *Hipp* Babynahrung ist in den USA die Marke *Gerber*. Deshalb der Name für Lisas wohlgenährte Bäckchen, die eher vom reichen Stillgenuss der Muttermilch stammten.

White Bear Lake, ein Ort mit ca. 25.000 Einwohnern, am See gleichen Namens gelegen ist ein Vorort von Saint Paul, der Hauptstadt des Staates Minnesota. Das Zentrum White Bear Lakes ziert eine Hauptstraße mit kleinen Geschäften inkl. dem lokalen Lebensmittelhändler „*Kowalski*". Hier gab es auch Schwarzbrot aus Deutschland und *Warsteiner Pils* im örtlichen Liquor Store. Reichlich Shopping und Dining boten die Malls in den Nachbarvororten.

Minnesota, „Land of 10.000 Lakes", hatte in den 1990er Jahren 4,4 Mio. Einwohner (heute 5,7 Mio.), mehr als die Hälfte davon lebt in der Metropol-Region Minneapolis/St. Paul (Twin Cities) am Mississippi. Über zwei Drittel stammen aus Westeuropa, 34 % aus Deutschland als größte Gruppe vor Norwegern, Iren und Schweden. Davon zeugen viele deutsche Namen und unsere herzliche Aufnahme in der Neighbourhood in White Bear Lake. So waren wir bei unseren Nachbarn zum obligatorischen Turkey

Essen anlässlich Thanksgiving zu Gast. Baby Lisa im Maxi Cosi immer dabei. Ebenso beim Social Golfing oder dem Nachbarschaftsdinner, deren einzelne Gänge jeweils von verschiedenen Nachbarn rund um den Pond ausgerichtet wurden. Summer in Minnesota, meistens sehr angenehm, an besonders heißen Tagen erschwert durch hohe Luftfeuchtigkeit und viele lästige kleine Mücken „Mosquitos" in der Nähe von Ponds und Seen.

In Minnesota haben einige große Unternehmen wie *Target, United Health Group*, *Medtronic* und *General Mills* ihren Sitz. Das Unternehmen *3M* gehört zu den Blue Chips, den 40 im Dow-Jones-Index gehandelten Unternehmen in den USA. Firmensitz ist in Maplewood, einem Stadtteil von Saint-Paul. Im 13 Stockwerke hohen Hauptgebäude auf dem dortigen weitläufigen Areal befand sich mein Arbeitsplatz auf der 1.Etage in der Medical Imaging Division. Als Promotion Manager in der Marketingabteilung von und später als Mitarbeiter im Verkaufsteam für den OEM *Siemens*. Kein Stress und viel Zeit, Land und Leute kennenzulernen.

Das galt auch für Geschäftsreisen. Zum Beispiel nach Chicago zum Kongress der RSNA (Radiology Socierty of North America), zum OEM Team Meeting nach Florida, dem Winter in Minnesota entfliehend, Treffen mit Außendienstlern nach Forth Worth in Texas und nach Atlanta in Georgia. Anfang Januar 1993 hatten wir unser Kick-off Meeting der Division in Brainerd in Nord-Minnesota. Mein kältestes Meeting ever bei minus 20°, mit geplatzten Wasserflaschen im Auto, dafür aber mit Eisfischen, einem der Hobbys der Einwohner von Minnesota im Winter auf den zugefrorenen Seen.

Besonders in Erinnerung geblieben sind mir die beiden Aufenthalte im *3M* Resort in Wonewok im Norden Minnesotas. Inklusive exklusiver Anreise in einem der *3M* Learjets vom *3M* Aviation Flugplatz in St. Paul. Beim zweiten Aufenthalt dort durfte ich einen Radiologen aus Deutschland begleiten, der gemeinsam mit Radiologenkollegen aus anderen Ländern an einem *3M* Innovationskongress teilnahm. Ein Ergebnis dieses Austauschs der Praktiker mit unseren Entwicklern war der *3M* Laser Imager: Die erste Röntgenfilm-Entwicklungsmaschine im Trockenverfahren - ohne Chemie.

Etwa fünf Jahre vor unserer Zeit in Minnesota bezog Prince das Paisley Park Studio in Chanhassen in Minnesota, einen Gebäudekomplex im Wert von 10 Mio. Dollar. Das Anwesen war bis zu seinem Tod im Jahr 2016 sein Hauptwohnsitz sowie sein privates Musikstudio mit diversen Tonstudios sowie Räumen für Konzert-, Video- und Filmaufnahmen. Der begnadete Songschreiber, 1958 in Minneapolis geboren, komponierte Popsongs wie *Purple Rain* und *Kiss* und spielte bei den Aufnahmen auch noch alle Instrumente selbst.

Please Mr. Postman

Was hat sich in den letzten 30 Jahren alles geändert! Vor allem bei der Kommunikation. 1992 gab es noch keine E-Mails und kein Skype. Kommunikation fand per Brief und Telefon statt. Mit der Heimat, mit Eltern und Freunden. Und so wurden Briefe auf beiden Seiten des Atlantiks geschrieben und ausgetauscht, mindestens wöchentlich, wenn nicht täglich, sehr oft mit den aktuellen Fortschrittsfotos von Lisa in ihrem ersten Lebensjahr.

Auch mit der Informationsaufnahme war das so eine Sache in der Provinz im Mittleren Westen der USA. Das Internet gab es noch nicht! Die lokalen Zeitungen *Pioneer Press* aus St. Paul und *Star Tribune* aus Minneapolis veröffentlichten vor allem das Neueste aus den beiden Städten. An den Wochenenden prall gefüllt mit Werbeprospekten und Coupons zum Ausschneiden und Einlösen in den zahlreichen Malls. Im September wurde die seinerzeit größte Mall der Welt „Die Mall of America" in Bloomington neben dem internationalen Flughafen in Minneapolis eröffnet. Ein Riesenquadrat mit drei Etagen Shops und Restaurants sowie dem Snoopy Park im Zentrum.

Große Politik fand in Washington statt und kam kaum vor. Für „den Rest der Welt" blieb eine halbe Seite vorbehalten. Die USA sind groß und klein ist der Informationshorizont und das Interesse an der Welt außerhalb der Gemeinde, dem County. Dass Willy Brandt gestorben war und die deutsche Fußballmannschaft dem Überraschungssieger Dänemark (das Land sprang kurzfristig für Jugoslawien ein) im Finale der Europameisterschaft unterlag, erfuhr ich aus einer wöchentlich erscheinenden USA-Sonderausgabe der *FAZ*, die in den USA gedruckt und distribuiert wurde. Ab und zu kaufte ich mir den *Spiegel*, den ich zufällig in einem Store fand, der Souvenirs aus Europa verkaufte. Dank unserem Kabelanschluss und einem Abo von HBO schauten wir uns Filme an.

Die Musikversorgung funktionierte allerdings prima. Über das Radio durch den Lokalsender *WLTE,* unserem Lieblingssender, der die aktuellen Hits rauf und runter spielte, garniert mit lokalen Nachrichten, insbesondere bzgl. Wetter und Verkehrsmeldungen. Aber auch durch Bertelsmann. Das deutsche Unternehmen betrieb in den USA eine CD-Versandfirma. CDs waren hier wesentlich preiswerter als in Deutschland. Und so wurde ich dort Stammkunde. Musste allerdings einmal Einfuhrzoll auf meine in USA erworbenen CDs entrichten, als neugierige Zollbeamte am Flughafen in Amsterdam-Schiphol mein Gepäck kontrollierten.

Autobahn

Der Polizeiwagen schoss plötzlich wie aus dem Nichts die Straßenböschung hoch, setzte dabei auf, bremste abrupt mit quietschenden Reifen und blieb quer auf der Fahrbahn stehen. Mit heulender Sirene und wild blinkenden Blaulichtern. Das Fahrzeug vor dem Escort Waggon meiner Frau Marion musste plötzlich bremsen. Auch Marion mit Lisa im Maxi Cosi auf dem Beifahrersitz ging in die Eisen. Der Officer stieg gemächlich aus seinem Polizeifahrzeug und beschäftigte sich zunächst mit dem jungen Mann im ersten PKW. Nach einer gefühlten Ewigkeit wendete er sich dann an Marion, hielt seine Pistole im Anschlag, den Lauf ins Wageninnere haltend und sagte in einem arroganten Ton: *„Ma'am, your drivers' license."* Währenddessen wurde Lisa im Maxi Cosi unruhig und fing an zu plärren. Als Marion dem Officer ihren deutschen Führerschein zeigte, realisierte der Polizist, seine Pistole wieder in die Halterung steckend: *„Ah, you're from Germany. You drove too fast, and you will get a speed ticket!"* Auf dieser innerörtlichen Straße in White Bear Lake weit und breit kein Verkehrszeichen mit einem Tempolimit und keine Radarkamera. Der Officer notierte sich Marions persönliche Daten und reichte ihr einen Beleg: *„Bye, Ma'am. You will have to show-up at court!"* Sagte es, trottete zurück zu seinem Wagen und fuhr von dannen.

Marion in Schockstarre: Geträumt? Wilder Westen mitten in Minnesota? Die weinende Lisa erinnerte sie daran. Nein, das war real!

Zweiter Teil der „Räuberpistole!“ Anhörungstermin vor dem Richter in der City Hall von White Bear Lake. Marion hatte sich vorher dort erkundigt. Ja, man kenne den Officer. Der ist immer so, besonders wenn Frauen im Spiel sind. Aha! Wir sitzen in der ersten Reihe. Lisa zwischen uns. Der Richter schaut in seine Unterlagen und spricht uns an von seinem erhöhten Podest auf uns drei herunterschauend, dabei lächelnd: *„You're from Germany. My son is just there, and he can drive with his BMW as fast as he can on the Autobahn!"* Ende der Story, der Richter fällte sein Urteil: 100 USD Strafe. Sofort zu zahlen!

Kraftwerks Album *„Autobahn"* und die ausgekoppelte Single gleichen Namens konnten sich in den US-Billboard Charts wochenlang platzieren. Avantgarde, Electro Pop, Programmierter Synthesizer Sound aus Düsseldorf erobert die Welt und beeinflusst viele Musiker.

Black Lives Matter

"I can't breathe!" Und wieder röchelnd, kaum hörend: *"I can't breathe!* Der weiße Polizeibeamte Derek Chauvin kennt kein Erbarmen mit George Perry Floyd. Er kniet neun Minuten und 29 Sekunden mit vollem Körpergewicht auf dem Hals des am Boden liegenden 46-jährigen Afroamerikaners. Chauvin tötet Floyd. Öffentlich. Umstehende Zeugen bitten ihn aufzuhören. Drei weitere beteiligte Polizisten greifen nicht ein. Das Video eines Tatzeugen sorgt weltweit für Aufsehen. Geschehen am 25. Mai 2020 am helllichten Tage in Minneapolis!

Infolge der Tat Proteste überall in den USA mit Ausschreitungen und Plünderungen und mehreren Todesopfern, die sich unter dem Motto „Black Lives Matter" gegen Polizeigewalt und Rassismus richten. Die vier an dem Einsatz beteiligten Polizisten werden entlassen und wegen des Verdachts auf ein Tötungsdelikt in Haft genommen. Ein Jahr später wird der Haupttäter Derek Chauvin der Körperverletzung mit Todesfolge und der fahrlässigen Tötung schuldig gesprochen und zu einer Freiheitsstrafe von 22,5 Jahren verurteilt.

Systemischer Rassismus, der sich seit Jahrzehnten in die amerikanische Gesellschaft eingefressen und sich an jenem 25. Mai 2020 ausgerechnet in Minneapolis in dieser Tat entladen hat, war zu unserer Zeit in Minnesota für uns kein Thema. Afroamerikaner kamen schlichtweg nicht vor, mal abgesehen von zufälligen Begegnungen beim Bummeln und Shoppen. Auch bei *3M* in der Verwaltung gab es kaum Afroamerikaner. Sie machen auch nur ca. 5 % der Bevölkerung aus. Auf dem Weg zum Flughafen in Minneapolis konnte man mal einen Seitenblick vom Auto aus in Vororte werfen, in dem offensichtlich Schwarze wohnten. Das war's dann aber auch.

Diskussionen und Gespräche über Politik führte ich mit meinem Kollegen, der in unserem Geschäftsbereich für Statistik zuständig war. Sein kleines Büro im typischen „Cube" Viereck bot kein Platz. Alles voller Papierstapel, auch der Bürostuhl. In der Mittagspause unterhielten wir uns häufig über den 1992 stattfindenden Präsidentenwahlkampf zwischen dem demokratischen Herausforderer Bill Clinton und dem republikanischen Amtsinhaber George Bush. Mike unterstützte Clinton und kritisierte die Republikaner vor allem wegen ihrer Weigerung, die laxen Waffengesetze zu verschärfen. Bei der Wahl am 3. November 1992 konnte sich Clinton klar durchsetzen und regierte bis 2000 trotz der „Lewinsky-Affäre". Minnesota wählte bisher immer mehrheitlich demokratisch, hat sich aber mittlerweile zu einem sog. Swing-State entwickelt.

Die USA sind heute tief gespalten. Demokraten und Republikaner, Schwarze und Weiße, Stadtteile mit guten Schulen und Stadtteile mit weniger guten Schulen, Arbeitnehmer mit und ohne Krankenversicherung, Stadt und Land. Die unterschiedlichen Gruppen reden nicht mehr viel miteinander. Internetforen verstärken die Spaltungseffekte. Demokratische Institutionen geraten unter Druck. Der 6. Januar 2021 als Menetekel mit der Erstürmung des Kapitols durch den Mob, angestachelt von einem abgewählten Präsidenten, der seine Niederlage nicht anerkennt. Der erfahrene Politikprofi Biden hat als Präsident die Aufgabe, die amerikanische Gesellschaft zu versöhnen, Gräben zuzuschütten und für alle Amerikaner zu sprechen und zu handeln. Eine Herkulesaufgabe. Und wäre das nicht schon genug, stehen im Rest der Welt demokratische und westliche Werte unter Druck. Droht China bald Amerika als führende Wirtschaftsmacht abzulösen. Mit einem kommunistischen Einparteiensystem, Menschenrechte nicht beachtend, seinen Führungsanspruch unverhohlen propagierend.

Vor 30 Jahren haben doch die meisten gedacht, der Kommunismus hat ausgedient, der kalte Krieg ist beendet. Die Demokratie hat sich durchgesetzt. Mit diesen Gedanken im Reisegepäck sind wir in die USA gekommen. Eine gewisse Zeit in dem Land zu leben, in dem einige unserer Vorfahren ihr Auskommen gefunden haben und das Deutschland nach dem Zweiten Weltkrieg auf die

Beine geholfen, ihm gemeinsam mit den westlichen Alliierten die Weichen in einen demokratischen Rechtsstaat gestellt hat. Diese Chance haben wir genutzt. Und kluge deutsche Politiker haben uns mit der Verfassung und dem Grundgesetz einen soliden Rahmen gegeben, in dem die Erfahrungen der Weimarer Republik berücksichtigt wurden. Nicht zu unterschätzen, unser Verhältniswahlrecht, in dem es eben nicht nur Gewinner und Verlierer gibt, wie im Mehrheitswahlrecht in den USA und auch im Vereinigten Königreich. Alles kompliziert, aber gerecht. Demokratie ist schwierig. Diskurs in der Gesellschaft, in den Parlamenten ist ihr Sauerstoff. Mehrheiten wechseln. Regierungen werden abgewählt. Machtwechsel sind normal. Wie gerade bei uns erlebt. Wie meistern wir die Pandemie, den Klimawandel? Wie gelingt diese gewaltigste Transformation? Die Systemfrage (Demokratien versus Autokratien) ist gestellt. Ausgang offen.

San Francisco

Derartige Fragen beschäftigten uns 1992 in Minnesota nicht. Es gab dazu auch keinen Anlass. Das Leben dort war lockerer, hatte weniger Stress als zuhause. Wir lebten in einem weiten Land, so groß wie die alte Bundesrepublik, allerdings mit weniger als einem Zehntel der Bevölkerung besiedelt. Die Menschen genossen den Sommer draußen. Waren mit ihren Booten unterwegs auf abertausenden Seen und beobachteten die Loons (See-Enten „National Birds" von Minnesota), fischten und pflegten ihr geselliges Beisammensein mit Familien und Freunden rund um die Barbecues. Besuchten Footballspiele der Minnesota Vikings bzw. der vielen Schulmannschaften oder schauten beim Baseball zu. Sportevents in den USA sind friedlich und familiär und sehr vom Konsum geprägt, nicht nur in den Pausen.

Wir hatten im Juli und August Besuch aus Deutschland. Marions Schulfreundin machte Station in White Bear Lake. Marions Mutter und Schwester besuchten uns. Mit ihnen machten wir uns auf zu einem Familientrip nach San Francisco. Gemeinsam ging es nach Kalifornien. Mit einem gemieteten Auto erkundeten wir die Stadt und Sausolito mit der Golden Gate National Recreation Area auf der anderen Seite der San Francisco Bay. Cable Car und Lombard Street. Staunten über die Golden Gate Bridge und das schnell wechselnde Wetter in der Bay. Die einzigartige rostrote Farbe der Golden Gate Bridge wird permanent durch mutige und schwindelfreie Anstreicher, die an Seilen an den riesigen, über 200 m hohen Pylonen hängen, aufgetragen. Sind sie einmal rum mit ihrem Anstrich, geht es wieder von vorne wieder los.

Ca. 30 km von White Bear Lake entfernt, liegt der Touristenort Stillwater am St. Croix River. Antiquitäten- sowie Buchläden und Restaurants bestimmen die historische Altstadt. Hier ist 1848 der Staat Minnesota von europäischem Einwandern gegründet worden. Die Stillwater Bridge über den St. Croix River führt in den Nachbarstaat Wisconsin, „The Dairy Land!"

Like a Rolling Stone

Das touristische Outdoor-Highlight Minnesotas ist die sog. North Shore Route im Nordosten von Minnesota entlang des Lake Superior: *„Auf dieser 280 km langen, zweispurigen Seeufertour von Duluth nach Kanada erheben sich alte Klippen wie verwitterte Schlösser, deren Wände von den Wellen des größten Süßwassersees der Welt zerschmettert werden. Im Landesinneren schützt der Superior National Forest weite Gebiete mit Ahornbäumen, Kiefern und Espen. Die sanft geschwungenen Sawtooth Mountains, die das Ufer des Lake Superior bildeten, bevor sich das Wasser vor Äonen zurückzog, erheben sich heute mehrere Kilometer landeinwärts. Mehr als zwei Dutzend Flüsse strömen von diesem Hochland in den See und verwandeln die Uferlinie in eine Reihe von schillernden Wasserfällen. Die Wälder der Region und in Ufernähe bieten eine unglaubliche Herbstfärbung, die oft von*

Wir unternahmen diese Reise am Wochenende des arbeitsfreien Labor Day. Das ist immer der erste Montag im September. Tagsüber war es noch warm bis über 20° Celsius mit den ersten farbfrohen Vorboten des Herbstes. Lisa Huckepack im Tragekorb. Mit festem Schuhwerk und entsprechender Ausrüstung erkundeten wir die Flora und Fauna dieses schönen Fleckchen Erde.

Wir übernachteten in Familien-Motels und erlebten am Sonntagmorgen in unserem Motel an der State 61 ein „Plastik-Frühstück". Um den Pool herum, in dem die Kinder der Gäste planschten, standen Plastikstühle mit Plastiktischen, an denen ihre Eltern alles Essbare zunächst aus den Verpackungen befreien mussten, um es dann – klar – mit Plastikbesteck auf Plastiktellern zu verzehren. Diesem Plastikinferno entfliehend ging es schnell weiter bis zum Ziel und Wendepunkt unseres Trips nach Grand Marais, dem Künstlerort am Lake Superior.

Durch die Hafenstadt Duluth am Lake Superior, Start der North Shore Route, ist Minnesota über den Sankt-Lorenz-Seeweg mit dem Atlantik verbunden. Hauptumschlagsgüter sind Rohstoffe aus dem Mittleren Westen der Vereinigten Staaten, vor allem Eisenerz, Getreide, Kohle, Öl und Holz.

Duluth, fünftgrößte Stadt Minnesotas mit knapp 90.000 Einwohnern, ist die Geburtsstadt von Bob Dylan, der dort am 24. Mai 1941 als Robert Allen Zimmerman das Licht der Welt erblickt hat. Seine Eltern Abraham "Abe" Zimmerman und Beatrice "Betty" Stone waren Nachfahren von Immigranten, die kurz nach der Jahrhundertwende im mittleren Westen der USA ihr Glück suchten. Weil Abe 1946 erkrankte und seine Stelle verlor, zog die junge Familie nach Hibbing, Minnesota, wo er nach seiner Genesung im Betrieb seiner beiden Brüder einstieg. Das Leben im Minen- und Industriestädtchen war langweilig, deshalb lauschte der junge Bobby Zimmerman den Ikonen seiner Zeit im Radio, vor allem Muddy Waters, Hank Williams, Chuck Berry und Elvis Presley. *„Flüsse, Wälder, endlose Weiten, es ist eine raue Gegend, die mich wild und einsam werden ließ. Im Winter war es acht Monate lang vollkommen still. Ich habe halluzinogene Erfahrungen gemacht, wenn ich nur aus dem Fenster blickte. "*

Noch in jungen Jahren verließ er seinen Heimatstaat und landete schließlich in New York, im Künstlerviertel Greenwich Village. Ab 1962 nannte er sich dann Bob Dylan. Damit begann sein Künstlerleben als Singer und Songwriter. Das Einzigartige in Bob

Dylans Karriere ist seine Vielseitigkeit: Blues, Country, Folk, Rock'n'Roll, Protestsongs, Gospel.

Am 13. Oktober 2016 gibt die Schwedische Akademie bekannt, dass Bob Dylan als erstem Singer-Songwriter und Dichter der Nobelpreis für Literatur „für seine poetischen Neuschöpfungen in der großen amerikanischen Songtradition" verliehen wird. Wie wäre diese Entscheidung vom *Literarischen Quartett*, der besten TV-Sendung über Literatur, kommentiert worden? Ich sehe Marcel Reich-Ranicki, wie er ernst und zweifelnd mit dem Kopf schüttelt: *„Das ist doch keine Literatur im klassischen Sinne. Das ist Verrat an John Steinbeck, Ernest Hemingway oder gar Isaak B. Singer."* Hellmuth Karasek erwidert darauf: *„Nein, das folgt genau dieser literarischen Tradition, als vertonte Lyrik." „Meine Liebe, was meinen Sie dazu?"* fragt Reich-Ranicki Sigrid Löffler. *„Dichter der Libretti aus berühmten Opern hätten auch den Nobelpreis für Literatur bekommen können, wenn es den damals schon gegeben hätte"*, sagt sie. Der vierte Gast Thomas Gottschalk findet: *„Ist doch klasse, wenn ein Popstar so eine Ehrung bekommt. Bob Dylan ist der beste Singer- und Songwriter aller Zeiten. Als Komponisten in der Popmusik sind nur die Beatles bedeutender!"*

Wolfgang Niedecken, der eingefleischte Dylan Fan, adaptiert seine Songs auf Kölsch, z. B. *Wie'ne Stein*. Lassen wir Bob Dylan, die personifizierte Transformation unterschiedlicher Musikstile, abschließend selbst zu Wort kommen mit einer Strophe seines Songs *The Times They Are A-Changin'*, *(Denn die Zeiten sind im Wandel),* als Motto für dieses Kapitel des Buches:

"The line it is drawn

The curse it is cast

The slow one now

Will later be fast

As the present now

Will later be past

The order is rapidly fadin'

And the first one now will later be last

For the times they are a-changin'"

Winter Wonderland

Minnesota ist ein Winterland. Meistens kein Winter-Wunderland. Flache Schnee- und Seelandschaften ohne Berge, Hütten, Skipisten und Après-Ski sind halt nicht romantisch. Sechs bis sieben Monate herrscht Frost, je nachdem, wie früh im September die Temperaturen unter null fallen bzw. wie spät sie auch im Mai noch nicht über null steigen. Scherzhaft unterscheiden die Einheimischen drei Jahreszeiten: Sommer, Winter und „Road Construction". Frostgrade reißen immer Risse und Löcher in den Straßenbelag. Streusalz frisst den Lack der Autos an. Wer es sich leisten kann, flüchtet ein paar Wochen im Jahr in wärmere Gefilde, wenige Flugstunden entfernt nach Florida und Arizona. Oder verbringt den Minnesota-Winter dort und kommt in der warmen Jahreszeit zurück.

Die USA sind ein Land der Wetter Kapriolen: Erdbeben, Tornados, Überschwemmungen, Waldbrände. Und mit Stürmen - Hurrikans - im Nordwesten, die von Kanada herunterkommend über hunderte von Meilen plattem Land eine enorme Kraft entfalten können. Einen davon haben wir erlebt, erlitten! Ich hatte am nächsten Tag einen Termin bei Siemens in Newark im Staate New York und wollte am Abend vorher anreisen, komme noch ohne Sturm pünktlich zum Flughafen nach Minneapolis. Dann geht es aber los, da draußen! Böen rappeln an den Scheiben des Terminals. Eine Verschiebung des Abflugs folgt der nächsten. Wie mag es bloß Marion und Lisa in White Bear Lake ergehen? Anrufe über Festnetz funktionieren anfangs noch, später fällt der Strom aus. Nach sechs Stunden warten, wird der Flug nicht storniert, sondern die Passagiere werden aufgerufen, einzusteigen. Der schlimmste Flug in meinem Leben beginnt. Regen peitscht permanent an den

Rumpf. Das Flugzeug wird durchgeschüttelt, sinkt mal, steigt wieder hoch. Die Piloten wühlen sich durch mehrere Unwetter und die Passagiere klammern sich an den Lehnen ihrer Sitze fest, das ständige Rütteln und Klappern von nicht fixiertem Gepäck im Ohr. Plötzlich unheimliche Stille. Alles vorbei und überstanden. Morgens um 5 Uhr Landung in Newark. Schnell ins Hotel, für eine Stunde ins Bett und dann den Termin um 8:00 Uhr wahrnehmen.

Und Marion und Lisa in der Anderlie Lane? Ungewohnt im fremden Haus, Marion allein mit Lisa. Wetterleuchten, Blitze und Donner. Der Regen wird immer stärker. Ungewöhnliche sirenenartige Geräusche. Offensichtlich von den Feuermeldern an den Zimmerdecken. Ich melde mich mehrmals telefonisch vom Flughafen. Plötzlich gehen die Lichter aus. Der Strom ist weg. Marion traut sich nicht, Kerzen zu entzünden wg. möglicher Explosionsgefahr. Die Situation wird immer unwirklicher. Der tosende Sturm hört nicht auf. Die Bäume biegen sich unter gewaltigen Böen. Marion packt alles Notwendige in eine Tasche, mit der sie sich auf die oberste Treppenstufe setzt, fluchtbereit, den Blick über die beiden Fenster des Treppenhauses auf den Pond vor dem Haus, der sich wie ein wildes Meer gebärdet. Angst um Lisa, sich und mich. Wie mag das enden? In den frühen Morgenstunden lässt der Hurrikan nach. Kein Auge zugetan. Und Lisa? Das ist die erste und

einzige Nacht im Haus in White Bear Lake, in der Lisa durchge-
schlafen hat!

Die kalten Temperaturen und der lange Winter sind nichts für
Lisa, die häufig erkältet ist und unter Mittelohrentzündungen lei-
det. Obwohl ärztlich sehr gut betreut, entschließen wir uns, dass
Marion mit Lisa nach Deutschland heimkehrt. Wir fliegen ge-
meinsam vor Weihnachten zurück. Marion bleibt im neuen Haus
in Dormagen und ich bin Anfang Januar 1993 wieder in den USA.
Beruflich komme ich zu Ostern für zwei Wochen wieder nach
Deutschland. Damit sind wir ca. vier Monate getrennt. Am 23.
Mai 1993 ist dann auch für mich nach fast 12 Monaten mein Min-
nesota-Abenteuer beendet.

Smooth Operator

Bis dahin knapp vier Monate Winter am Stück, einmal unter-
brochen von einem mehrtägigen Meeting mit dem OEM-
Verkaufsteam in Florida. Auf den zahlreichen beheizten Indoor
Walkways in den Innenstädten von Saint Paul bummeln die Einheimischen in kurzärmeligen T-Shirts und Shorts während draußen klirrende Kälte herrscht, gelangen per Aufzug zu ihren in teilweise beheizten Tiefgaragen parkenden Autos und ab geht's nach
Hause in die mit Luftheizung temperierten Wohnungen und

Häuser. Energieeinsparung damals kein Thema. Fußgänger auf den Straßen Fehlanzeige.

Wie die Zeit verging: In der Freizeit Musik hören, HBO-Filme gucken und viel lesen. Häufige sportliche Aufenthalte im White Bear Racquet & Swim Club im Schwimmbecken, im Gym und in der Sauna, natürlich streng nach Geschlechtern getrennt und mit Besuchern in Badehosen und Tageszeitung lesend. Geselliges Zusammensein mit Kollegen gehört dazu. Sade gastiert am 14. März 1993 in Minneapolis im Northrup Auditorium. Jazzige, relaxte Popmusik, die zum Winter-Blues passte.

Connection

Durch die Mithilfe des verantwortlichen Global OEM-Managers der Medical Imaging Division, gelang mir ein gut vorbereiteter Wiedereinstieg in die heimische Organisation. Ich wechselte nach meiner Rückkehr auf die Position des European OEM Mangers mit der Verantwortung für die OEMs *Siemens, Philipps, Picker* und *GE*.

Besonders die Zusammenarbeit mit *Siemens* prägte die nächsten Monate mit vielen Aufenthalten in der Zentrale in Erlangen. Dabei ist mir ein Erlebnis in besonderer Erinnerung geblieben.

Gemeinsam mit meinem Vorgesetzten hatten wir einen Termin beim Bereichsvorstand für Medizintechnik von *Siemens*. Er residierte in einem Riesenbüro. Diese Szene kam mir noch einmal in den Sinn, als Robert Habeck auf sein 100 m² Büro im neuen Wirtschafts- und Klimaministerium angesprochen wurde: *„Es ist schon ziemlich groß. Aber es erinnert irgendwie jeden Tag daran: Es ist auch eine große Aufgabe, die ich mit Respekt annehme. ... Das hier ist ein preußisches Gebäude, und ein bisschen preußische Haltung kann man angesichts der gigantischen Aufgaben, die wir haben, grad gebrauchen."*

Ein Thema im Gespräch mit dem Bereichsvorstand war sicher PACS (Picture Archiving and Communication System), ein Bildarchivierungs- und Kommunikationssystem in der Medizin auf der Basis digitaler Rechner und Netzwerke. Die ersten PACS-Ideen entstanden in den 1970-er Jahren. Erst durch die Etablierung des DICOM Standards nahm die Entwicklung später Fahrt auf. In den Krankenhäusern und Arztpraxen startete die papierlose und vernetzte Kommunikation zwischen den einzelnen Abteilungen. Heute wird über hochauflösende Computerbildschirme befundet bzw. operiert. Der Patient erhält auch seine Röntgenbilder nicht mehr in den übergroßen braunen Umschlägen zur Verwahrung zu Hause, sondern an seine E-Mail-Adresse geschickt. CD-Brenner gibt es allerdings noch immer in den Röntgenpraxen.

Ein Blick auf den heutigen *Siemens* Konzern. Die Medizinsparte ist mittlerweile abgespalten in *Siemens* Healthineers, seit 2021 im DAX notiert. Diese Transformation hat das Management von Siemens über Jahre systematisch und konsequent vorangetrieben mit erfolgreichen innovativen Produkten und digitalen Lösungen, die weltweit vermarktet werden. Sicher auch auf Druck der Aktionäre, denen generell Unternehmen mit klarer Struktur lieber sind als sog. Mischkonzerne. Wir von *3M* als Mischkonzern haben in dieser Zeit immer auf GE (auf-) geschaut, insbesondere als „Neutron Jack Welsh" 20 Jahre von 1981 bis 2001 CEO war und den Börsenwert von *GE* um den Faktor 30 gesteigert hat. *GE* und *Siemens* sind in der Medizintechnik Konkurrenten. *Siemens* hat mittlerweile *GE* deutlich abgehängt. *General Electric* ist heute ein Schatten dieser erfolgreichen Zeit.

The Long and Winding Road

„Lieber Herr Koglin, mein herzlicher Glückwunsch zur Berufung in diese herausfordernde und bedeutende Position. Ich wünsche Ihnen den Erfolg, den wir uns alle mit Ihrer Person versprechen – und dabei auch die nötige Portion Fortüne und Spaß, die man an der Vertriebsfront braucht. Alles Gute und beste Grüße."

Diese Notiz auf die Bekanntmachung der Ernennung zum Verkaufs- und Marketingleiter Datenspeicher-Produkte zum April 1994 drückte klar die Erwartungshaltung des *3M* Managements an mich aus. Der vorherige Stelleninhaber blieb nur kurz auf dieser Position. Aber mit der notwendigen Portion Fortüne und Spaß sollte ich 18 Jahre in diesem Geschäftsbereich Verantwortung tragen. Der Geschäftsbereich *Datenspeicherung und Informationsmanagement* war weltweit führend in der Entwicklung und Herstellung einer kompletten Produktlinie von mobilen Datenspeichern, die Kunden bei der Verwaltung, Speicherung und beim Austausch von Daten für Desktop- und Mobilgeräte, Netzwerke und Rechenzentren nutzten. Diese Business Unit verfügte über mehr als dreihundert Techniker und Wissenschaftler in den Laboren und Werken sowie mehr als dreihundert Datenspeicher-Patenten allein in den Vereinigten Staaten.

Karriere ist nicht wie auf dem Reißbrett planbar, die Vorbereitung auf bestimmte Aufgaben schon. Die erworbenen Marketingkenntnisse in der Heimelektronik (B2C) sowie bei den Grafischen Produkten (B2B), gepaart mit der ersten Vertriebs- und Führungserfahrung bei Medical Imaging waren eine gute Basis. Ergänzt durch den Aufenthalt in der Hauptverwaltung des Mutterkonzerns. Insbesondere diese 12 Monate in Saint Paul haben geholfen. Es ist ein Unterschied, ob man im Zentrum eines Unternehmens oder in den Satelliten tätig ist. Sprache, Denke, Kultur und Besonderheiten, „Codes" erlebte, erlernte ich im Original, unverfälscht. Als Doppelpack: Im Unternehmen und im Land! Einige Kandidaten, mit denen ich später als Personalberater gesprochen habe, und die auch diese Expat-Erfahrungen einbrachten, bestätigten mir, dass sie in ihrem weiteren Leben davon – beruflich und auch privat – profitiert haben. Klar, Familien, Ehefrauen und Kinder, sollten unbedingt mit dabei sein. Viele solide Karrieren und erfolgreiche Auslandseinsätze sind das Ergebnis von Partnerschaften mit starken, unterstützenden und unabhängigen Ehepartnern, die mit dem Unbekannten umgehen und Veränderungen selbständig bewältigen können. Meine Frau hat diese Herausforderungen gemeistert und sich dadurch weiterentwickelt, auch wenn es für sie mit einem Baby herausfordernder war als für mich. Diese doch kurze Zeit in Minnesota sollte unser späteres, gemeinsames Leben bereichern.

Ich will in diesem Buch über Menschen und über Menschliches berichten. Da passierte so einiges. Kaum angefangen im neuen Job verlor ich von jetzt auf gleich meinen Verkaufsleiter. Besagter Verkaufsleiter lud seine damalige Freundin in ein Sterne-Restaurant ein und rechnete die Kosten dafür mit einem Bewirtungsbeleg für einen „gefakten" Kunden ab. So weit, so schlecht! Schlimmer geht immer: Die besagte Freundin war auch bei 3M beschäftigt, geriet mit ihrem Freund in Streit. Und informierte die interne

Revision über die Bewirtung. Die wurde sofort tätig. Der Betrug flog auf, die fristlose Kündigung wurde ausgesprochen. Vollzug durch den Personalleiter und mich. In weniger als einer Stunde war alles erledigt. Firmenunterlagen und 5-er BMW wurden zurückgegeben. Karriere und Firmenrente perdu!

"Do you like to talk about this with your mother? Do you want to find this in the newspaper?" Diese beiden Fragen stellte der Firmenjustiziar (Legal Counsel) den Führungskräften bzgl. ihrer Verhaltensweise in kritischen Situationen und Gefahren im Umgang mit Mitarbeitern, Kunden, Lieferanten, Kollegen und der Öffentlichkeit, den sog. Stakeholdern eines Unternehmens. Dazu mussten wir im Online-Verfahren Tests absolvieren und erhielten danach ein Zertifikat über die richtige Einschätzung und Bewertung entsprechend beschriebener „Fälle". Jedes Aktienunternehmen in den USA gab sich im Laufe der nächsten Jahre sog. „Business Conduct Policies" als ein Ergebnis der Corporate Governance Kriterien, des korrekten moralischen Verhaltens von Mitarbeitern und des Managements. Meine gelebte Erfahrung: Menschen mit anständigem Charakter und klaren Moralvorstellungen sind gute Führungskräfte, wenn sie dann auch noch kommunikations- und durchsetzungsstark, aber auch empathisch und loyal sind, erst recht!

Das Vermarktungsmodell für Disketten und andere physische Datenträger, eingebaut in PCs und externen Laufwerken an Büroarbeitsplätzen und in Rechenzentren in den 1990-er Jahren, war ein *3M*-spezifisches. Als einziger Hersteller dieser Produkte hatte *3M* auch klassische Büroartikel im Angebot, Post-it und Klebeartikel. Der Office Channel sollte sich in den nächsten Jahren erheblich verändern. Die lokalen Bürofachhändler verschwanden entweder vom Markt oder wurden von ausländischen Unternehmen (*Lyreco, Office Depot, Staples*) aufgekauft. Gleichzeitig wurde der Fachhandelskanal für Daten-Speicherprodukte immer wichtiger.

Die Medienhersteller mit *BASF, TDK, Sony, Fuji* und *Maxell* kannte ich bereits aus meiner Zeit bei *Scotch* Video- und Audiocassetten. Sie waren auch hier die Wettbewerber, vor allem bei Disketten und CD-Rs. Für *3M* hatte der B2B Channel Priorität, in dieser ungestümen Wachstumsphase digitaler Technologien und Produkte. Die Dotcom-Blase um das Jahr 2000 lässt grüßen. Irgendwie ging alles bzw. alles wurde ausprobiert. Transformationen drückten sich in Technologiezyklen aus. Roadmaps (definierte Entwicklungspfade bei Produkten) waren wie Logbücher. Die Firmen segelten mit ihren Produkten in unbekannten Gewässern. Jedes Unternehmen hatte eigene proprietäre Speichermedien mit entsprechenden OEMs, den IT-Hardware und Laufwerksherstellern: Die auch Floppy Disc genannten Disketten (klassisches

Format 3,5" IBM, HD, 1440 KB) und Magnetbänder in Plastikge-
häusen (Cartridges) auf zwei Spulen oder einer Spule in unterschiedlichen Breiten, z. B. Halbzoll, 4 oder 8 mm. Leistungsdaten
wie Kapazitäten (in Kilobytes, Bits und Megabits gemessen), Zu-
griffszeiten auf Daten, Datendichte und Kompatibilität zu aktuellen und bereits genutzten Laufwerken im Markt bestimmten den
Erfolg. Der Kampf der Systeme tobte. Zu jener Zeit waren die
Festplatten in PCs und Rechnern bei weitem noch nicht so leis-
tungsfähig wie heute. Mit Daten-Speichermedien wurden Daten
verarbeitet und vor allem als Back-up gesichert. Was heute Netz-
werkrechner leisten, übernahmen mobile Datenträger. Sie dienten
auch zum Aufspielen von Softwareprogrammen.

In den 1990-er und 2000-er Jahren sortierten, bildeten und ent-
wickelten sich IT-Unternehmen mit ihren Technologien und Pro-
dukten, Hardware und Software-Player sowie IT-Dienstleister.
Die Medienhersteller agierten dazwischen, unter der allgemeinen
Wahrnehmungsschwelle. Aber nicht minder heftig ritten wir auf
der Rasierklinge: „Riding the technology experience curve!"
Gerne lade ich den geneigten Leser ein, mitzukommen auf dieser
Transformations- und Abenteuerreise voller Überraschungen und
Wendungen in dieser Doppeldekade.

What a Wonderful World

„ Ganz schön spannend machte es Maximilian Kai. 13 Tage länger als geplant blieb er im Bauch, weil er scheinbar unbedingt im Sternzeichen seines Vaters, dem Löwen, und am Geburtstag seiner Mutter zu Welt kommen wollte. Über den stattlichen jungen Mann, der schon 55 Zentimeter groß war und 3850 Gramm wog, freuten sich Marion und Paul Koglin. Und natürlich das dreijährige Schwesterchen Lisa Kim. " So beschrieb der Redakteur des „Rheinischen Anzeigers" in der wöchentlichen Rubrik „Das Baby der Woche" den 25. Juli 1995. Ein entsprechendes Bilddokument dazu gibt es auch. Darauf sind Mutter Marion und Schwesterchen Lisa, Opa Franz und Oma Anneliese sowie Tante Ilona zu sehen. Papa Paul fehlte – Arbeitsbedingt!

Voyage Voyage

Der arbeitete wahrscheinlich mit seinem Team an der Vorbereitung des nächsten Amerika-Trips. Das sollte ein besonderer werden, die Zusammensetzung der Reiseteilnehmer sowie den Zeitpunkt betreffend. Manager und Geschäftsführer unserer wichtigsten Handelspartner sowie *3M* Mitarbeiter, die sich in einem Verkäuferwettbewerb dafür qualifiziert hatten, waren eingeladen. Der Tag der Abreise verschob sich durch den Ausfall des

Flugs von Amsterdam nach Minneapolis. KLM organisierte für die 23 Reisenden Hotelzimmer, und los ging es dann am 4. November 1995, zunächst nach New York und dann weiter nach Minneapolis. Was wir aber zu dieser Zeit nicht wussten: Das war mein letzter *3M* Trip in die USA! Denn kurz nach unserer Rückkehr nach Deutschland am 14. November 1995 gab die *3M* etwas bekannt, das es in ihrer 93-jährigen Geschichte bis dahin noch nicht gegeben hatte.

Wir ahnten nichts davon, als wir das *3M* Headquarter in St. Paul besuchten und das obligatorische Gruppenbild im Foyer entstand. Als „Reiseleiter" profitierte ich von meinen USA Erfahrungen. Wir hatten Meetings mit unseren Kollegen in der Zentrale und reisten weiter in unser Magnetband-Werk nach Tucson in Arizona. In diesem Werk, vor einigen Jahren von der *IBM* übernommen, wurde das Trägermaterial aus Polyester beschichtet, ins entsprechende Bandformat geschnitten und schließlich in die Cartridge Gehäuse auf Spulen eingezogen. In Arizona verbrachten wir sonnige Tage im Hotel-Resort und auf einer Jeep-Tour durch die Wüste. Zur letzten Station unserer Reise flogen wir nach Los Angeles und fuhren mit dem Bus in unser Werk nach Camarillo, um dort die Konfektionierung von Tape Cartridges kennenzulernen.

New Kid in Town

Goethe formuliert 1827 in einem Gespräch mit Johann Peter Eckermann als wesentliches Merkmal der Novelle „eine sich ereignete unerhörte Begebenheit". In Goethes Werk *Novelle* ist von einem „seltsamen, unerhörten Ereignis" die Rede. Und die „*Breaking News"* der *3M* Corporation am 14. November 1995 hatte diesen novellenhaften Charakter:

Die *3M Corporation* kündigte eine drastische Umstrukturierung an sowie der Ausgliederung der *3M* Geschäftsbereiche Datenspeicherung und Bildverarbeitung in ein neues Unternehmen. 3M beendete die Herstellung und die Vermarktung der *Scotch* Video- und Audiocassetten und entließ 5.000 Mitarbeiter in diesem Geschäftsfeld. Die ausgegliederten Business Units waren Medical Imaging, Printing & Publishing, Data Storage, CD Rom Duplizierung, Photo Film und Technischer Kundendienst. Das betraf 17 % vom Umsatz sowie 12.000 Mitarbeiter.

Aus *3M* Sicht machte diese radikale Entscheidung Sinn. Die betroffenen Geschäftsbereiche passten nicht (mehr) ins Kerngeschäft mit eher langfristig erfolgreichen Technologien, die in der weltweiten Produktvermarktung auskömmliche Margen erzielten und die Kostenstruktur eines global präsenten Unternehmens rechtfertigten. Wichtiger noch: *3M* brauchte zufriedene Aktionäre, gewohnt an steter Dividende. Viele institutionelle Anleger und Pensionsfonds waren von der ungewohnt schwachen finanziellen Performance zu Anfang der 1990-er Jahre enttäuscht. Deshalb musste der damalige CEO der *3M Corporation* Livio "Desi" DeSimone handeln.

Und das neue Unternehmen „Newco", wie es zunächst hieß? War in toughen Märkten unterwegs mit starken Wettbewerbern, damals insbesondere *Kodak*, aber vor allem mit japanischen Herstellern. Aufgrund des permanenten Technologiewandels und der aufkommenden Digitalisierung herrschte ungebremster Preis- und Verdrängungswettbewerb. NewCo hatte seinerzeit eine Kostenstruktur (Sales, General & Administrative, SG&A) von 30 % zum Umsatz! Und machte Verluste.

Die betroffenen Mitarbeiter? Sie waren geschockt! Aus heutiger Sicht klingt das naiv und irrational: Auch ich glaubte, wie sicherlich viele der betroffenen 12.000 Mitarbeiter, einen arbeitslebenslang sicheren Job zu haben. In einigen Jahren sah ich mich schon als Hauptabteilungsleiter im Büro am Schreibtisch aus Palisanderholz, im Ledersessel und mit Gardinen vor dem Fenster sitzen! Wie die Kollegen in vergleichbaren Positionen bei *3M*. Wie langweilig!

Nein, weit gefehlt. Was in den nächsten Jahren folgen sollte: Viel Aufregendes, reichlich Abwechslung und große Herausforderungen. Vergleichbar mit einem Theaterstück. Drama, Baby! Drunter tun wir's nicht. In sechs Akten:

.Newco betritt die Bühne, nennt sich *Imation,* macht einen Turnaround, wächst, schrumpft und tritt ab!

Ticket To Ride

Das neue Unternehmen bekam nicht viel Mitgift, wurde nicht aufgehübscht, aber ein paar aktuelle Erfindungen und Entwicklungen waren schon ein „Freiticket" und halfen uns beim Start. Breite Resonanz in dieser Zeit der Transition, des Übergangs von *3M* auf das neue Unternehmen, erzielte die SuperDisk. Eine Diskette im Standard-Diskettenformat, aber mit einer Kapazität von 120 MB, 83-mal so viel wie die gute alte Floppy Disc, die im entsprechenden SuperDisk-Laufwerk weiterhin einsetzbar war.

Jetzt galt es, dafür OEMs zu akquirieren. Weltweit, damit dieses Produkt breite Anwendung in einem Konsortium von Unternehmen findet, die entsprechende Laufwerke herstellen bzw. diese Laufwerke in ihre Desktop PCs und Laptops einbauen. Um daraus gar einen Standard, die Königsdisziplin von Produkterfindungen in der IT-Industrie, zu etablieren. Auch in meinem Team in Deutschland legten wir uns dafür ins Zeug. Unser OEM-Manager konnte den wichtigsten OEM in Deutschland dafür gewinnen: Siemens. Seinerzeit war *Siemens* noch in der IT-Industrie tätig. Der Konzern fusionierte später zu *Siemens/Nixdorf (SNI)*, übernahm *Nixdorf* komplett und lagerte dann die IT-Produkte an *SBS (Siemens Business Services)* aus, die 2009 schließlich beim japanischen IT-Unternehmen *Fujitsu* landeten.

„Wer zu spät kommt, den bestraft das Leben!" Der Wettbewerber *Iomega* war schon ein paar Jahre früher mit seinem ZIP-Laufwerk (100 MB Kapazität) am Start und hatte damit für eine gewisse Zeit einen Quasi-Standard geschaffen. ZIP und Super-Disk konnten nicht verhindern, dass die optischen Technologien (CD, DVD und Blue Ray) das Rennen um die begehrten Laufwerksslots für sich entschieden. Diese Produkte waren nicht nur die erfolgreichen Nachfolger von Video- und Audiocassetten, sondern setzten sich auch im und am PC und Laptop durch. Datenvolumen, Handling, Kompatibilität und Standardisierung sind dafür die Erfolgskriterien.

Die SuperDisk sorgte allerdings für Aufmerksamkeit und PR. Auch bei der größten Computerzeitschrift *Chip* in Deutschland. *Chip* verlieh der 3M in der Kategorie Hardware gemeinsam mit

Compaq (Im Jahr 1982 gegründetes IT-Unternehmen und 2002 von HP übernommen) den *Chip*-Award, der dem *Compaq* Repräsentanten und mir auf der CeBIT 1996 überreicht wurde.

Born in the U.S.A.

Das Unternehmen Interbrand in den USA hatte die Aufgabe, für NewCo einen Namen zu finden. *Imation* war das Ergebnis, ein Kunstwort, welches die Unternehmenswerte *Innovation, Information* und *Imagination* zusammenfassen sollte. Dazu gesellte sich dann noch im allerersten Markenbild ein Zauberstab. Am 1. Juli 1996 ging die *Imation Corporation* als *Born Leader* (Titel der Werbeanzeige) an den Start und an die Börse. Jeder *3M* Aktionär erhielt auf 10 Aktien eine *Imation* Aktie.

Der 2. Akt des *Dramas* konnte beginnen. Zunächst mit „*Transition all over the place!*" Kunden, Mitarbeiter, Logistik, IT-Strukturen und Organisationen mussten in das neue Unternehmen überführt werden. Viele Supportfunktionen der *3M* konnten wir anfangs noch eine gewisse Zeit nutzen, bevor parallel eigene Systeme installiert wurden. Mit Startschwierigkeiten, z. B. wussten wir wochenlang nicht, welcher Händler welche Ware zu welchem Preis erhalten hat. „Blindflüge" gab es viele.

Produktverpackungen trugen in dieser Übergangsphase zwei Markennamen: *Imation* und *3M*! Viel Arbeit für die neuen *Imation* Mitarbeiter.

Neu auch für mich. Mit einem neuen Job, den ich ab September 1997 16 Monate ausübte. Als europäischer Marketingmanager hatte ich einen Arbeitsplatz in unserer Europazentrale in Cergy, einem Vorort von Paris, und im Heimbüro mit einem *Siemens* PC inkl. SuperDisk Laufwerk. Dieses Mal nicht als Expat-Zaungast wie in St. Paul, sondern mit Team Mitgliedern aus verschiedenen Ländern in Europa.

1998 gab es die nächste Fußball-WM in Europa, in Frankreich. Der geneigte Leser ahnt es: Auch dieses Mal nutzten wir das Ereignis für eine WM-Promotion, europaweit. Allerdings mit einem Budget, das mein Europa-Boss permanent kürzte, da die Ergebnisse in diesen ersten beiden Jahren der *Imation* nicht so berauschend waren. Daraus resultierten dann abenteuerliche Anreisen mit einer etwas dubiosen Billigfluglinie zum Flughafen Paris-Orly. Die Kickoff Veranstaltung in einem Hotel am Kölner Flughafen zum Spiel Deutschland-USA (2:0) mit Bernd Cullmann, dem ehemaligen Spieler vom 1. FC Köln, machte allerdings großen Spaß.

Let It Be

Wie Paul McCartney in seinen 2021 erschienen Büchern *Lyrics* zum Entstehen des Textes von „*Let it be*" schreibt, träumte er von seiner verstorbenen Mutter, als es ihm 1970 nicht gut ging wegen der bevorstehenden Trennung der Beatles. In diesem Traum habe er das wunderschöne, gütige Gesicht seiner Mutter gesehen und es als sehr tröstend gefunden, mit ihr an einem friedvollen Ort zu sein. Er fühlte sich sofort sehr gelassen, sich geliebt und beschützt. „*Meine Mutter wirkte immer sehr beruhigend auf uns alle, und wie viele Frauen hat sie die Familie in Gang gehalten. Alles wird gut. Let it be.*"

Zu den Lebzeiten meiner Mutter kannte ich diesen Textbezug des Beatles Titels nicht. Auch meine Mutter war die Trostspendende und Anpackende in der Familie. Sie trieb die hausinternen Projekte voran, z. B. bauliche Veränderungen im und am Haus und die häuslichen Anschaffungen. Von ihren Sorgen, Nöten und Krankheiten machte sie nie viel Aufhebens. Sie litt im Stillen und kümmerte sich lieber um ihre Lieben. Meine Mutter plagte lange Zeit ein Rückenleiden. Sie überstand mehrere Herzinfarkte. Am 17. September 1998 verstarb sie an den Folgen eines Herzinfarkts. In der Stunde ihrer Erlösung „*von guten Mächten wunderbar geborgen.*"

Human

„Sie bekommen in diesem Jahr keine Gehaltserhöhung. Und ich erkläre Ihnen auch genau warum!" Als mein damaliger Vorgesetzter mir die Gründe dafür aufzählte, akzeptierte ich diesen Schuss vor den Bug. Das war zu Anfang meiner *3M*-Zeit. Dieser Chef war ein interessanter Typ und Mensch. Auf dem sog. zweiten Bildungsweg studiert und promoviert. Leidenschaftlicher Schlagzeugspieler sowie Sammler und Fahrer alter Autos. Später war er lange Jahre CEO der *Rational AG*, einem erfolgreichen Hersteller von Gardampfgeräten für Großküchen.

Und damit sind wir mitten unter den Menschen. Menschen als Vorgesetzte, Manager und als Mitarbeiter. Fangen wir ganz oben an, bei William „Bill" T. Monahan, dem CEO der *Imation*. 1972 hatte er bei *3M* als Außendienstler im Bereich Data Storage in New York angefangen und die Plattenstapel zum Kunden geschleppt, die Data Storage Division geführt, in Italien die *3M* Niederlassung geleitet und später in Austin, Texas, als Group Director gearbeitet. Sein Berufsleben wäre in sicheren *3M* Bahnen verlaufen, aber er nahm das Angebot an, Newco und dann *Imation* zu führen.

Bill Monohan beschreibt in seinem Buch *„Billion Dollar Turnaround"*, wie er dabei vorgegangen ist, das Unternehmen (über-) lebensfähig zu machen. Und damit sind wir beim dritten Akt des Dramas „Turnaround". Er reduzierte die Anzahl der Geschäftsbereiche von sechs auf einen und die Anzahl der Mitarbeiter, allein in Europa von 4.000 auf 300, insbesondere durch die Schließung des Werkes in Ferrania (Italien). Letztlich schälte sich das Data Storage Business als zukunftsträchtiges Kerngeschäft heraus. Von den anfänglichen 28 europäischen Niederlassungen gab es noch 6. Die Geschäftsbereiche Printing & Publishing und Medical Imaging wurden an *Kodak* verkauft und spülten mehr als 600 Mio. Dollar Cash in die *Imation* Kassen. Nach den acht Jahren als CEO von 1996 bis 2004 übergab er das Unternehmen schuldenfrei, mit 2.500 Mitarbeitern, wettbewerbsfähigen Kosten, einem Barvermögen von 440 Mio. Dollar und einem Umsatz von 1350 Mio. Dollar an seinen Nachfolger Bruce Henderson.

"To be global, a company must have local people on the street in all key regions. This allows the company to know the customers, their languages and cultures, and to understand and meet their needs. After all, people buy from people, not organizations, and personal involvement is critical to sustainable success", schrieb Bill in seinem Buch. Zweimal im Jahr war er in Europa, traf immer Kunden. Im Dezember 2001 besuchte er ein Kick-off Meeting in Neuss, zu dem wir unsere wichtigsten Händler eingeladen hatten. Am Tag darauf präsentierte ich ihm die Zahlen der DACH-

Region, für die ich mit meinem Team verantwortlich war. Solche Umsätze und Umsatzsteigerungen hatte er wohl von einem Verantwortlichen für das Datenspeichergeschäft in Deutschland noch nicht gesehen. Er stand auf, nahm die Umsatzfolie vom Overheadprojektor und steckte sie in seine Aktentasche.

Unglaublich, aber wahr. Vor noch nicht einmal 3 Jahren hatte mir ein ehemaliger IBM Manager, den Bill für das globale Data Storage Business eingestellt hatte, bei seinem Besuch in der niederländischen Europazentrale nach meiner Präsentation dort gesagt: *„These are numbers from a third world country!"* Deutschland war an Nr. 4 im Umsatz – hinter den Niederlanden!

Was war in der Zwischenzeit passiert? Und hier kommt das Glück ins Spiel, was jeder Tüchtige benötigt. Eine weitere Mitgift der *3M* war die Entwicklung eines Magnetbandes für Laufwerke in Rechenzentren. Der damalige Hersteller dieser Laufwerke *Storagetek* (später von *Sun* gekauft und schließlich bei *Oracle* gelandet) hatte dieses Band qualifiziert und als einziges Tape für seine Laufwerke freigegeben. *Imation* hatte damit für eine gewisse Zeit ein Monopol. *Storagetek* war in Deutschland stark und rüstete viele Rechenzentren mit den neuen Laufwerken und den entsprechenden Tapes aus. Diese Umsätze wurden dem deutschen Team zugeschlagen. Damit schossen wir von Nr. 4 mit Abstand auf den ersten Platz. Diesen Platz gaben wir nie mehr ab: Im größten Markt in Europa auf Nr. 1 im internen *Imation* Ranking.

Und hier kommt mein Team ins Spiel. Wir festigten in diesen Jahren des Turnarounds unsere erste Position durch eine konsequente Vermarktungsstrategie mit unseren Handelspartnern, in dem wir um dieses Tape ein solides Sortiment mobiler Datenträger für den gewerblichen Markt aufbauten. Mit strategischen Partnern auf der ersten Handelsstufe der Großhändler und auf der zweiten Handelsstufe der Reseller. Beispielhaft seien hier das Großhandelsunternehmen *Sinus Gesellschaft für EDV-Zubehör mbH* in Wardenburg bei Oldenburg und der Reseller *Bechtle AG* in Neckarsulm genannt. Dieses Go-to-Market Modell erwies sich als krisenfest und robust im Markt für magnetische, optische und später Flash-Speicherprodukte (USB-Sticks).

Ich durfte in dieser Zeit Anfang der 2000er Jahr ein großartiges Marketing- und Vertriebsteam entwickeln und führen. In unserem Büro war auch die Technik angesiedelt. Der technischer Leiter und Produkttrainer hatte die einzigartige Gabe, diese trockene Materie spannend und lehrreich zu illustrieren sowie Kunden und Mitarbeitern zu vermitteln.

Dieser menschliche und vertrauensvolle Zusammenhalt galt auch für die europäische Ebene. Meine Chefs in dieser Zeit, ein

Amerikaner mit italienischen Wurzeln und ein Australier, fühlten sich sichtlich wohl in ihrer europäischen Führungsrolle an den diversen Standorten in der europäischen Zentrale in den Niederlanden.

Dort traf ich dann auch regelmäßig meine europäischen Kollegen aus den Ländern und aus dem Headquarter zu den Review-Meetings.

"You as a leader, must search out the positive people in your team, the optimists, and support that optimism and their courage in facing difficult situations. Pessimists can sometimes be helpful in identifying potential problems optimists may overlook, but they can't be put in positions where they are leading others. Leadership must be positive about the ability to change, improve and eventually to win", noch einmal Bill Monahan in seinem Buch. Diese positive Einstellung habe ich über die Jahre verinnerlicht und meinen Mitarbeitern vorgelebt, auch wenn's manchmal verdammt schwierig war.

Von den Führungstrainings, an den ich in diesen Jahren teilnehmen durfte, ist mir eins in besonderer Erinnerung geblieben. Bei einem Trainingskurs in den USA tauchten wir ein in die Welt von Sir Ernest Shackleton, der 1908 zum zweiten Mal versuchte, mit seiner Expedition den Südpol zu erreichen. Auch diese Expedition scheiterte 180 km vor dem Ziel unter dramatischen Umständen. Aber ihm gelang es, das Leben aller Expeditionsteilnehmer zu retten und sie wieder gesund nach England zurückzubringen. Dank seiner Führungsstärke, da er in extremen und existentiellen Situationen in der Lage war, seine Leute zu außergewöhnlichen Leistungen zu motivieren: *„By Endurance we conquer!“*

Das im November 1915 im Südpolarmeer gesunkene Expeditionsschiff *Endurance* ist noch da! Es liegt 3000 m unter dem Meeresspiegel und wurde am 5. März 2022 von einem Tauchroboter entdeckt. Offensichtlich sehr gut erhalten, als hätten es Sir Ernest Shackleton und seine Crew gerade erst verlassen – nach mehr als 100 Jahren.

Eine Frage an die Teilnehmer des Trainings war: *"What will you do to create a positive, productive and energizing environment for your team?"*

Fast Car

Ein positives und energiegeladenes Umfeld für die *Imation* Mitarbeiter und den Markt für Anwender unserer Produkte wurde geschaffen durch die Entscheidung des Managements, einen Formel 1 Rennstall zu sponsern. Das sicherte weltweite Aufmerksamkeit und steigerte vor allem die Bekanntheit von *Imation*. Das Firmenlogo der *Imation* prangte auf dem Chassis des Formel 1 Boliden des *Jordan* Rennstalls mit dem deutschen Fahrer Heinz-Harald Frentzen. An der Seite von Ex-Weltmeister Damon Hill bestritt Heinz-Harald Frentzen 1999 für das *Jordan*-Team die erfolgreichste Saison in der kurzen Geschichte des Rennstalls von Eddie Jordan. Er konnte sogar zwei Rennen gewinnen und wurde am Ende der Saison dritter der Fahrerwertung.

Auf der CeBIT Messe im Jahr 2000 mussten wir unseren Stand schließen! Die Besucher drängelten sich an den Absperrungen vorbei, um einen Blick auf Heinz-Harald Frentzen zu erhaschen, der dem *Imation* Messeteam einen Besuch abstattete und neben seinem Rennwagen posierte. Unser PR-Mann hatte die Veranstaltung organisiert und führte professionell durchs Programm. Unser Marketingteam hatte zusammen mit der Messebaufirma die Idee, den Rennboliden auf einer Ecke des Standes, an Seilen befestigt, aufzuhängen. Sicherlich der Blickfang in der Halle 11 auf dem durch die Expo 2000 erweiterten und modernisierten, riesigen Messegelände in Hannover.

Wenn ich von Menschen erzähle, muss ich von Messen berichten! Denn da „menschelt" es besonders. Ich empfand unsere Messeteilnahmen immer als das Highlight für mein Team und mich.

Klar, wir planten unsere Produkt-Einführungen und den Start unserer Marketingprogramme immer zu den Messeterminen. Wichtig für den Spirit, den Zusammenhalt und den Spaß war aber das „Messeteam@work!" In Gesprächen und Präsentationen auf dem Stand an der Rampe und in den Besprechungsräumen mit professionellen Endanwendern, Konsumenten, Händlern, Kollegen aus anderen Ländern, Redakteuren, Wettbewerbern und vielen anderen (Fach-) Besuchern wirkten diese direkten, persönlichen und menschlichen Kontakte immer motivierend und informativ.

Kein Geheimnis: Noch wichtiger das „Messeteam@afterwork!" Viele Aussteller mit ihren Mitarbeitern machten nach „Dienstschluss" an den Messetagen im Rahmen des Erlaubten Party auf ihren Ständen oder in der Stadt Hannover. Es war immer irgendwo was los! Auch wir hatten unsere Events, mit oder ohne Kunden. Ein besonderes war die Feier für unseren OEM-Manager, den wir mit einem speziell gedruckten „Extrablatt" in den vorgezogenen Ruhestand verabschiedeten.

Fairground

IFA, Hifivideo, Imprinta, DRUPA, Paperworld und vor allem CeBIT hießen die Messen, an denen wir teilnehmen und mit der jeweiligen Mannschaft arbeiten durften. Erleb- und anfassbare Transformationen bei Technologien und Produkten mit den Menschen davor und dahinter im „Messeland" Deutschland mitten in Europa! Auch wenn die Messe-Budgets meinen Vorgesetzten und den Controllern oft den Schweiß auf die Stirn trieben und sich die geplanten Messeresultate nicht immer in steigenden Umsätzen zeigten. Schön (und auch anstrengend) war's trotzdem!

Die CeBIT ist ein Opfer des digitalen Wandels geworden und wurde 2018 letztmalig veranstaltet. Die CeBIT (**Ce**ntrum für **Bü**roautomation, **I**nformationstechnologie und **T**elekommunikation) war eine der weltweit bedeutendsten Messen in der IT und startete am 12. März 1986 mit 2142 Ausstellern und 334.400 Besuchern. Sie erzielte 1995 mit 755.000 Besuchern das erste Rekordergebnis, das sogar 2001 mit 830.000 Besuchern (in etwa das Doppelte der Einwohnerzahl von Hannover) getoppt wurde. Die höchste Zahl der Aussteller mit 7515 gab es im Jahr 2000.

Aussteller und Gäste haben gerade in den Boom Zeiten der Messe in den 1990-er und 2000-er Jahren viel erlebt und können ihre „CeBIT-Storys" erzählen. Zum Beispiel, dass die

Hotelkapazitäten bei weitem nicht ausreichten, so dass viele Aussteller ihre Messeteams bei Familien „zur Untermiete" unterbrachten. So kam es oft vor, dass der ausländische Messegast nach der Taxifahrt vom Flughafen oder Bahnhof nicht etwa beim Concierge eines Hotels klingelte, sondern an der Haus- oder Wohnungstür einer Familie, im Gäste- bzw. im Kinderzimmer vom bereits ausgezogenen Nachwuchs nächtigte und mit einem reichhaltigen Frühstück, idealerweise von der Frau des Hauses individuell und frisch zubereitet, in den stressigen Messetag entlassen wurde. Staus zum und vom Messegelände führten dazu, dass Zu- und Abfahrtsstraßen ihre Fahrtrichtung an den Messetagen veränderten: morgens vierspurig hin und an den Nachmittagen vierspurig in die andere Richtung zurück. Ab dem Jahr 2000 nutzte die CeBIT die neuen, modernen Messehallen und das erweiterte Areal der Expo-Ausstellung, die im gleichen Jahr stattfand.

Alle neuen Technologien und Produkte aus der IT-Welt wurden sehr oft sogar erstmalig auf der CeBIT präsentiert, ob das neue Windows Programme waren, Bill Gates persönlich stellte dort Windows 95 vor. Oder neue Prozessoren und neue Standards wie UMTS, GPS, RFID, HDTV und wireless LAN, E-Commerce, Netzwerklösungen und Cloud Computing sowie internetfähige Mobiltelefone und Smartphones, Computer als Desktop und

Laptop Lösungen mitsamt ihrer Peripherie, Software und Betriebssysteme wie Linux, 3D Druck, Digitalkameras und die X-Box.

Die CeBIT war von Anfang an eine internationale Messe und Hannover aufgrund der seit 1947 alljährlich stattfindenden Hannover-Messe ein bedeutender Messe-Standort in Europa und damit auch weltweit, vor allem getrieben durch die Globalisierung und das Internet. Das nutzten die Aussteller, die zu einem Drittel bis zur Hälfte aus dem Ausland kamen. Insbesondere Aussteller aus Asien, die in der IT eine immer größer werdende Marktmacht repräsentierten.

Konnte die Deutsche Messe AG als Veranstalter das gesamte Spektrum der IT in der ersten Hälfte der CeBIT-Ära noch unterbringen, wurde das danach schwieriger, denn mittlerweile hielt die digitale Transformation in fast alle Märkte und Anwendungsbereiche Einzug. Damit verlor die CeBIT zusehends an Bedeutung und war 2018 mit der letzten Veranstaltung nach 32 Jahren Geschichte. Die CeBIT hatte sich 1986 aus der Hannover Messe abgespalten. Aber schon lange zeigt auch diese Industriemesse digitale Anwendungen: Industrie 4.0, KI und Robotik. Ein Messezyklus hat sich geschlossen und die CeBIT gleichsam absorbiert.

Going Home: Theme of the Local Hero

Lassen Sie mich ein bisschen von zu Hause erzählen. Was passierte in diesen Jahren im deutschen Markt mit der *Imation Deutschland GmbH*? Denn auch bei uns wurde das Drama aufgeführt. Alle sechs Akte. Zum zweiten Akt *Imation* gehört, dass die beteiligten Geschäfte im Gründungsjahr 1996 mit 230 Mitarbeitern einen Umsatz von 165 Mio. DM erzielten

Die zu verantwortende Region hieß mittlerweile DACH und umfasste neben Deutschland Österreich und die Schweiz. Die Herausforderung in der Schweiz bestand darin, dass ehemalige *3M* Mitarbeiter ein eigenes Händlerunternehmen gründeten und *Imation* Produkte vermarkteten. Das machten sie sehr gut. Insbesondere in den Pionierjahren durch die werbliche Nutzung der SuperDisk bauten sie für *Imation* eine führende Marktposition auf: Schweizer in Schweizer Unternehmen sind in der Schweiz erfolgreich! Das erforderte allerdings vom deutschen Management eine intensive Betreuung und Zusammenarbeit inkl. vieler Meetings und Abstimmungsgesprächen. Menschen und Medien in der Schweiz, ein besonderes Kapitel im *Imation* Drama!

Jetzt zum Bericht über einen einstmals stolzen lokalen Wettbewerber und einem kleinen Ort im Schwarzwald. Ich muss auch Ludwigshafen erwähnen. Es geht um das größte Chemieunternehmen der Welt, die Badische Anilin- und Sodafabrik, *BASF* abgekürzt und in Ludwigshafen ansässig. *BASF* in Europa, *Sony*, *Fuji*, *TDK* und *Maxell* in Japan und *Ampex* sowie *3M* in den USA sind die Magnetbandpioniere im letzten Jahrhundert mit zahlreichen wegweisenden Erfindungen und Patenten bei den entsprechenden Beschichtungstechnologien und industriellen Produktionsverfahren.

Die *BASF* betrieb von 1966 bis 2004 in Willstätt, einem Städtchen mit knapp 10.000 Einwohnern im Regierungsbezirk Freiburg eine Magnetbandfabrik, in der Speichermedien (Audio- und Videocassetten sowie Medien für die EDV) und Druckplatten/Druckfarben für die Verpackungsindustrie hergestellt wurden. 1997 wurde die Sparte *BASF Magnetics* der *BASF* an das neu gegründete Unternehmen *EMTEC Consumer GmbH* verkauft. Der Verkauf beinhaltete eine fünfjährige Lizenz zur Nutzung des Markennamens *BASF*. 2004 musste das Unternehmen bereits Insolvenz anmelden. *Imation* erwarb nach der Insolvenz Teile der Produktion. Das Bundeskartellamt in Bonn stimmte diesem Kauf zu, obwohl die beiden Unternehmen im eng definierten Markt für Datenspeichermedien in den Rechenzentren Wettbewerber waren. Eine Win/Win Situation für beide Unternehmen: *Imation* entledigte sich für einige Jahre eines Wettbewerbers und der Insolvenzverwalter besserte durch das eingenommene Geld die

Konkursmasse auf. Die Markenrechte für *EMTEC* Medien wurden 2006 an den französischen Distributor *Dexxon Data Media SAS* verkauft.

Ayo Technology

Intellectual Property (IP) oder Patente sind die „Lebensversicherungen" von Industrie-Unternehmen. Plaketten von Patenten der jeweiligen Patentbehörden aus den USA, aus Japan und Deutschland zierten das Foyer des neu erbauten Headquarters der *Imation* Corporation in Oakdale (Minnesota), ein paar Kilometer entfernt, aber außerhalb der Sichtweite der 3M-Zentrale. Dass Technologien konkurrieren, Lizenzen zur Produktion und zum Verkauf an Wettbewerber vergeben und Konsortien der jeweiligen Lizenznehmer gebildet werden, zieht sich wie ein roter „Band"-Faden durch die Geschichte dieser Industrie. Der Kampf um Kunden und beste Lösungen findet normalerweise im Markt statt, manchmal aber auch vor Gerichten.

So wie im Falle der von *Imation* eingereichten Antitrust-Klage gegen den Laufwerkshersteller *Quantum* (aus dem Verkauf der Magnetbandsparte von *Seagate* entstanden), bei der um Preisabsprachen mit dem Ziel der Marktmonopolisierung für DLT-kompatible Magnetbänder gestritten wurde. Die

Schadenersatzsumme belief sich auf 450 Mio. USD. *Fuji* und *Maxell* produzierten die Digital Linear Tape (DLT) IV genannten Magnetbänder mit der *Quantum* Lizenz. Vom Kreis der lizenzierten Hersteller wurde *Imation* ausgeschlossen, obwohl wir diese Bänder herstellen konnten, die Freigabe trotz langwieriger und erfolgreicher Test- und Lizenzierungsverfahren aber nicht erhielten.

Da wir diese Bänder produzierten und auch verkauften, verklagte uns Quantum. *Imation* musste nach der im Oktober 2001 ergangenen Entscheidung des California Superior Court an *Quantum* 30 Prozent seiner Einnahmen aus dem Verkauf von DLT-Medien als Lizenzgebühren abführen. Gleichzeitig wurde jedoch der Antrag von *Quantum* zurückgewiesen, mit dem *Imation* der Verkauf von DLT IV Magnetbändern untersagt werden sollte.

Ab dann ging es im Datenspeicher Markt für Rechenzentren geordneter zu – und das bis heute: durch LTO (Linear Tape Open). LTO ist nicht die Lösung eines einzelnen Herstellers, sondern ein Konsortium mit insgesamt 30 Herstellern von Magnetbändern inkl. fast aller Robotik Hersteller (Auto-Loader und Libraries). LTO ist eine Spezifikation für ½-Zoll-Magnetbänder und die entsprechenden Bandlaufwerke. *IBM, HP* und *Seagate* haben dieses Gemeinschaftsprojekt entwickelt.

Im Jahr 2000 startete LTO mit der Laufwerksgeneration Ultrium 1 und dem Medientyp LTO 1. Komprimiert hatte das Band eine Kapazität von 200 GB (0,2 Terabyte) und eine Transferrate von 40 MB/s. Heute ist bereits die 9. Generation der Bänder im Einsatz mit einer komprimierten Kapazität von 45 Terabyte und einer Transferrate von 1000 MB/s.

Where were You (When the World Stopped Turning)?

Auch wenn dieser sonnige Septembermorgen bereits über 20 Jahre zurückliegt, so hat der 11. September 2001 die USA ins Mark getroffen und bis heute geprägt. *„Es waren neunzehn Flugzeugentführer mit Teppichmessern, die den ersten Krieg des 21. Jahrhunderts auslösten. Es war ein Terroranschlag wie aus dem Bilderbuch des Schreckens. Ein Flugzeug raste in einen der beiden Zwillingstürme, als alle Kameras auf den brennenden Wolkenkratzer gerichtet waren, folgte ein zweites Flugzeug und bohrte sich in den zweiten. Es war das Musterbeispiel einer Propaganda des Terrors – mit echten Toten."* So beschreibt der Journalist und Herausgeber Stefan Aust diesen Tag in seiner Autobiographie.

Wir, das europäische Management Team, waren an diesem Tag auf einem Meeting in Versailles in Frankreich. Meine amerikanischen Kollegen sahen am Nachmittag in der Pause die Fernsehbilder, die Stefan Aust beschreibt, und glaubten zunächst wie wir alle, das sei „Hollywood". Bis sie und wir dann eines Besseren belehrt wurden. Ungläubiges und fassungsloses Staunen. Dann Anrufe zu Hause. Ich weiß nicht mehr, wie wir dieses Meeting an diesem Tag beendet haben.

Danach war erst einmal alles anders. Und diese Tat hat die USA verändert und wirkt bis heute nach. Dieser Terrorakt hat den Nahen Osten noch instabiler macht, als er es damals eh schon war. Die Welt stand still. So beschreibt es Alan Jackson in seinem Country Song. Und er lässt uns teilhaben an seiner Seelenqual: *„I'm just a singer of simple songs. I'm not a real political man. I watch CNN but I'm not sure I can tell you the difference in Iraq and Iran. But I know Jesus and I talk to God. And I remember this when I was young. Faith, hope, and love are some good things he gave us. And the greatest is love."*

Knapp 21 Jahre später gibt es diesen 9/11 Moment auch in Europa! Am 24. Februar 2022 überfällt Putin die Ukraine. Ein Eroberungskrieg. Die Ukraine, ein demokratischer Staat, wird angegriffen. Europa, der Westen, die EU, halten dagegen. Einmütig, ge- und entschlossen. Politisch, wirtschaftlich durch massive und wirkmächtige Sanktionen und militärisch durch

Waffenlieferungen. Das ukrainische Volk kämpft aufopferungs-
voll und patriotisch „stellvertretend" für den Westen für die Freiheit und für die Demokratie gegen Putin und seine Entourage. Explizit nicht gegen das russische Brudervolk. Fakt ist, die sog.
europäische Sicherheitsarchitektur nach dem Kalten Krieg ist zu-
sammengebrochen. Der Krieg in Europa, nach 1945 ist zurück.
Unfassbar, aber Realität.

„Gott mit uns", sagt ein alter Ukrainer auf Deutsch, der im U-
Bahnschacht in Kiew Zuflucht sucht vor den Bombenangriffen,
im Podcast einer amerikanischen Korrespondentin. *„Gott mit
uns"*, die Losung der deutschen Soldaten, die im Zweiten Weltkrieg Russland und die Ukraine überfielen, aufgedruckt auf den
Koppeln ihrer Uniformen.

Money For Nothing… I Want My MTV

Den vierten Akt „Wachstum" im *Imation* Drama starteten wir
mit einem neuen Partner im Sponsoring: *MTV (Music Television).*
MTV, 1981 in den USA gegründet, sendete Videoclips bedeutender Interpreten und Bands in der Popmusik. Die Musikschaffen-
den nutzten Videos ihrer aktuellen Titel als Vermarktungs- und
wichtiger noch als Bindungselement zu ihren Fans. Das funktionierte weltweit und so dehnte sich *MTV* auch nach Europa und

Deutschland aus. Die Videos wurden immer aufwändiger und teurer, Hollywood-Regisseure für die Produktion engagiert. Michael Jackson und viele andere forcierten durch Videos ihren Riesenerfolg und pflegten ihr Superstar-Image.

Durch das Sortiment der optischen Medien CD-R, DVD sowie BluRay und Flashmedien erreichten wir jetzt auch die junge Zielgruppe der Käufer im Elektronik Facheinzelhandel. Die Anzahl der Fachmärkte von *Saturn* und *Mediamarkt* wuchs rasant. Die Firmenzentrale beider Unternehmen war in Ingolstadt und wurde zu einem heißen Pflaster für die Industrierepräsentanten im Feilschen und Verhandeln mit den dortigen Einkäufern um Verkaufsfläche, Konditionen, Werbekostenzuschüsse und Jahresvereinbarungen.

Wir hatten das sog. Fulfillment unserer Retailkunden ausgelagert an ein externes Distributionsunternehmen, was erheblichen Abstimmungsaufwand erforderte, aber dafür sorgte, dass unser Sortiment in den Filialen der Elektronikmärkte vorrätig war. Zusätzlich beauftragen wir einen weiteren Dienstleister damit, unser Sortiment am Point of Sales verfügbar und verkaufsfördernd zu platzieren.

Wir nutzten das Sponsor Thema *MTV* nicht nur auf den Verpackungen der Medien, sondern auch, der Leser ahnt es, für eine

Kundenveranstaltung im Dezember 2003 in München. Dabei bedienten wir uns der Elemente einer Oscar-Verleihung bzw. der „*MTV-Music Awards*". Als Dress-Code schicke Garderobe für Damen und Herren, selbstverständlich auf für das *Imation* Team, ausgeliehen für diese festliche Veranstaltung aus einem Kostümfundus.

Hold the Line

Nokia war in diesen Jahren noch der bedeutendste Hersteller für Handys, als man vor allem damit telefonierte und, na ja, auch schon SMS verschickte. Nokia fügte als Hauptsponsor der Konzertveranstaltung *Night of the Proms* den Markennamen an den Anfang. Diese *Nokia Night of the Proms* vereinigt in einzigartiger Weise U- und E-Musik innerhalb eines Events. Denn klassische Werke waren und sind auch in des Wortes ureigener Bedeutung populäre Musik. Und so kommen regelmäßig in den Vorweihnachtsmonaten November und Dezember in Deutschland in den großen Konzerthallen Werke Mozarts, Beethovens und vieler anderer Komponisten von Sinfonien, Walzern und Arien zusammen mit den Stars internationaler und nationaler Popmusik live auf die Bühne, begleitet von einem großen Orchester und Chor.

Die Stars der Popmusik sind da meistens schon länger im Geschäft bzw. etwas älter, machen damit dem vorwiegend bereits älteren Publikum eine umso größere Freude. Das galt im Jahr 2003 auch für mich, als Bobby Kimball und Steve Lukather von Toto ihre Hits spielten, inkl. *„Hold the Line"*. Dieser Event passte hervorragend zu unserer MTV-Veranstaltung am Nachmittag und so luden wir unsere Kunden dann abends zum musikalischen Abschluss in die Münchener Olympiahalle ein und erlebten dort Stars wie Huey Lewis, En Vogue und natürlich Mr. *„Music"* John Miles. Aus der Abteilung Klassik kamen *„Also sprach Zarathustra"* von Richard Strauß, der *„Nussknacker"* von Tschaikowski und der *Triumph Marsch* aus der Oper *Aida* von Guiseppe Verdi zur Aufführung. Alle mitwirkenden Künstler sangen und spielten zum Finale auf der Bühne *„Hey Jude"* von den Beatles.

Die Idee zu diesem Konzert hatten 1985 Studenten in Antwerpen. Sie dachten zunächst nur an populäre Klassik, wie sie auf den Promenaden der britischen Seebäder unter dem Slogan „Last Night Of The Proms" gespielt wird. Um noch mehr Zuschauer anzusprechen, luden sie aktuelle Künstler der Popmusik ein. Im Laufe der Jahre wechselten die Hauptsponsoren. Auf *Nokia* folgte *Aida* und in den letzten Jahren ziert kein Sponsor mehr die *Night of the Proms*. Eine Konstante ist geblieben: Seit 2003 haben meine Frau und ich regelmäßig einen Termin Anfang Dezember in der

Lanxess Arena in Köln. Nach den pandemiebedingten Ausfällen der letzten Jahre sind die „Pop-Classics" 2022 wieder gestartet.

Move On Up

Zu den verschiedenen sechs Phasen bzw. Akten im *Imation* Theaterstuck passten die jeweiligen Standorte unserer verschiedenen Büros in Neuss, um die *3M*-Hauptverwaltung herum, aber immer außer Sichtweite. Der erste Umzug erfolgte 1999 in ein Bürogebäude in den Neusser Norden, das komplett über 4 Etagen belegt wurde, mit Laboreinrichtungen für Printing & Publishing als auch für Data Storage – und einer Kantine.

Viel kleiner viel dann der nächste Umzug 2004 aus auf eine Büroetage in einem Neusser Bürokomplex mit insgesamt 600 m², davon war die Hälfte dem ETC (European Technology Centre) vorbehalten. *„Speicher-Detektive und Daten-Retter – Ohne sie wäre auch der beste Computer nicht viel wert: Speichermedien wie Magnetbänder, Disketten, Festplatten, CD oder DVD sorgen dafür, dass wertvolle Daten gesichert werden können. Imation in Neuss arbeitet an der Zukunft der Datenträger und ist gleichzeitig oft Retter in der Not"*, so überschrieb der Autor seinen Artikel in der Neuss-Grevenbroicher Zeitung im August 2006, als er über uns berichtete.

Summer in the City

Jedes Jahr im Juni/Juli fand ein Summit statt, zu dem alle Regionalverantwortlichen ins sommerliche Minnesota eingeladen wurden. Die CEOs nach Bill Monahan in dieser Zeit Bruce Henderson, Frank Russomanno und Mark Lucas waren die Gastgeber und präsentierten mit ihren Teams die Programme und Strategien. Der Summit 2006 fand unmittelbar nach der Fußball WM in Deutschland statt und ich durfte dann im großen Auditorium der „Town Hall" darüber berichten inkl. der Geschäftsergebnisse der Central Region (DACH) für die ich mit meinem Team verantwortlich war. Der geneigte Leser ahnt es. Auch bei dieser WM haben wir uns ein europaweites Sponsor-Package gesichert. Spiele der jeweiligen europäischen Nationalmannschaften waren darin enthalten. Das stimmungsvolle Eröffnungsspiel Deutschland gegen Costa Rica (4:2) in der Münchener Allianz Arena als Auftakt zum „Sommermärchen" durfte ich als Gastgeber für einige Kunden miterleben.

Jump

In der *Imation* Wachstumsphase setzten wir im Januar 2006 zum ersten großen Sprung an und kauften das *Memorex*-Geschäft der Consumer Medien (CD, DVD) für 330 Mio. USD. Ältere

Leser erinnern sich ggf. an die berühmte Fernsehwerbung für *Memorex* Audiocassetten „*Is it live or is it Memorex?* " Dabei singt Ella Fitzgerald in einem Ton, der sowohl live gesungen als auch beim Abspielen des *Memorex* Bands mit ihrer Tonaufnahme ein Glas zerspringen lässt.

Die nächste Akquisition erfolgte 2007. Wir übernahmen das Recording Media Business der *TDK* für 260 Mio. USD und bezahlten mit *Imation* Aktien. Damit wurde die *TDK* Corporation in Japan zum größten *Imation* Aktionär. Im Jahr zuvor schloss *TDK* das Werk in Luxemburg und ließ seitdem, genauso wie *Imation*, die optischen Medien bei externen Herstellern produzieren: Das waren vor allem *Moser Baer* für *Imation* in Indien und *Taiyo Yuden* für *TDK* in Japan.

Mit einem typischen Doppeleffekt hatten alle bekannten Markenhersteller von optischen Medien zu kämpfen. Die Produkte wurden in ihren verschiedenen Anwendungsgebieten zum einen immer leistungsfähiger durch ihre Kapazitätssteigerungen (CD von 650 bis 900 MB, BluRay von 25 bis 100 GB). Zum anderen setzte durch die (externe) Massenproduktion ein rapider Preisverfall ein.

Price Tag

Im Gegensatz zur industriell aufwändigen Herstellung von Magnetbändern ist die Produktion von CDs viel einfacher und kostengünstiger. Asiatische Hersteller tummelten sich alsbald in diesem Markt. Dieser „niedrigschwellige" Einstieg lockte illustre neue Anbieter an, die anfänglich herrschende Goldgräberstimmung in diesem neuen Massenmarkt ausnutzend. Unternehmen wie *Best Media* und *Intenso* aus der niedersächsischen Tiefebene mit viel Landluft waren bald Konkurrenten der etablierten Hersteller im deutschen Markt.

Die Menschen hinter diesen Unternehmen lernten wir (ihre Wettbewerber) kennen, als sie Mitglieder im *IM* wurden. *IM* steht für Informationskreis Aufnahme Medien. Ja, der Name stimmt, Ähnlichkeiten mit dem berühmteren Namensvetter aus der früheren DDR sind nicht verbürgt. Den „Medien" *IM* gibt es bereits seit den analogen Zeiten der Video- und Audiocassetten. In dieser Interessenvertretung haben sich die Medienhersteller und -Distributoren zusammengeschlossen, um mit der *Gema* (Gesellschaft für Mechanische Aufführungs- und Abspielrechte) in Form von Gesamtverträgen einheitliche Abgaben für die verschiedenen Medienprodukte vertraglich zu vereinbaren.

Abgaben? Ein unbespielt gekauftes Medium hat den Zweck und bringt damit seinem Käufer den Nutzen, bespielt zu werden. Mit Inhalten, ob Musik, Film oder Text, zur privaten Nutzung zu Hause. Urheber dieser Inhalte sind Autoren, die diese Werke als ihr geistiges Eigentum geschaffen haben und darauf Urheberrechte beanspruchen. Urheberrechtsabgaben sammelt die Gema von der Industrie ein und die privaten Verbraucher und Nutzer der Inhalte zahlen damit an der Kasse beim Kauf ihren Obolus. Verhandlungen der Industrievertreter mit der Gema um die Höhe dieser Abgaben sind der Daseinszweck von Organisationen wie dem *IM* oder auch anderer sog. Verwertungsgesellschaften. Der Einfachheit halber fallen Urheberrechtsabgaben pauschal auch beim Kauf von Druckern, PCs und Laptops an.

Technologischer Wandel, Preisverfall durch Massenproduktion auf ein paar Euros Verkaufspreis, z. B. pro 10-er CD-R Pack, führten dazu, dass die Urheberrechtsabgaben in den Preiskalkulationen auf die in den Verkehr gebrachten optischen Medien plötzlich relevant wurden. Sehr günstige Preise im Markt fielen auf. Und da sind wir bei den beiden Unternehmen aus der norddeutschen Tiefebene, die sich wohl ehrlich machen wollten und deshalb Mitglieder im *IM* wurden.

Durch die Zukäufe von *Memorex* und *TDK* war *Imation* Marktführer bei optischen Medien. Seit 2001 repräsentierte ich, ab 2003 als Geschäftsführer, die *Imation Deutschland GmbH* im *IM*. 2010 und 2011 war ich Repräsentant und Vorsitzender des *IM*. Rechtsanwälten im *IM* oblag die Geschäftsführung und Organisation dieser Verwertungsgesellschaft.

Der Vorsitz endete allerdings abrupt mit dem Ausschluss der *Imation* aus diesem exklusiven Kreis. Unsere europäische Rechtsabteilung hatte es sich auf die Fahnen geschrieben, die rechtlichen Konstrukte der Urheberrechtsabgaben europaweit infrage zu stellen. Und führte deshalb Einzelklagen in den entsprechenden Ländern. Aus europäischer Sicht gerechtfertigt, gab es doch unterschiedliche Herangehensweisen. Von keinen Abgaben in UK bis hin zu hohen Abgaben in einigen Ländern sowie teilweise nicht klar geregelten Abgabesystemen. Der Wettbewerb im europäischen Binnenmarkt war gestört. *Imation* konnte einige landesspezifische Rechtskonstruktionen in langen währenden Prozessen aushebeln. In Deutschland gelang das nicht, Wider- und Besitzstände sowie ein funktionierendes Abgabesystem verhinderten das.

Game Changer

Da stand er. Der Mann auf der Bühne in seinem typischen schwarzen T-Shirt. Und hielt ein kleines Gerät in der Hand. Wir befinden uns auf der MacWorld in San Francisco. Es ist der 9. Januar 2007. Steve Jobs heißt der Mann. Er stellt auf der *Apple*-Messe MacWorld das *I-Phone* vor. Und verändert die Welt nachhaltig. Das Smartphone war geboren, einfach und genial intuitiv in der Bedienung, der Computer in der Tasche.

Mit dem Edge System ging es langsam los, 2008 mit dem UMTS-System schon etwas schneller. LTE beschleunigte weiter und heute mit dem 5G Standard geht alles superschnell und gleichzeitig. Entscheidend sind heute nicht mehr allein die Verkäufe der Smartphones aller Hersteller, sondern es ist das Ökosystem mit Apps und vielen Funktionalitäten, die permanent und weltweit in einem „offenen" Markt von Software-Spezialisten optimiert werden.

Aus Schweden kommen nicht nur Ikea und Abba. 2006 gründeten in Stockholm Daniel Ek und Martin Lorentzon *Spotify*, den ersten Musik Streamingdienst. Damit konnten die Musikfans weltweit erstmalig legal Musiktitel millionenfach auf ihren Smartphones hören und sich eigene Playlists zusammenstellen. Durch eine monatliche Gebühr gibt es die Musiktitel auch werbefrei.

Mittlerweile gehören auch Podcasts zum *Spotify*-Angebot. Und Wettbewerber wie *Deezer* und *Apple Music* bieten ebenfalls kostenpflichtige Abos an.

2005 wurde von den ehemaligen PayPal-Mitarbeitern Chad Hurley, Steve Chen und Jawed Karim *YouTube* gegründet. Seit 2006 gehört *YouTube* zum *Google* Konzern. *YouTube* bietet drei Formen des Produzierens und Abrufens an: Öffentlich, ungelistet oder privat. Standard sind öffentliche, für jeden zugängliche Videos. Und *YouTube Music* gibt es mittlerweile auch.

Videos und Streaming. Dann müssen wir auch über *Netflix* sprechen. 1997 von Reed Hastings und Marc Randolph in Kalifornien als Online-Videothek gegründet, startete *Netflix* 2007 ein Video-On-Demand Portal und lässt heutzutage das sog. „lineare Fernsehen" alt aussehen.

Der größte Medien-Evolutionär ist Jeff Bezos. 1994 gründete er *Amazon* als Onlinehandel (E-Commerce). Er fing klein an in der Garage mit dem Versand von Büchern. Um die enormen Rechenoperationen seiner weitestgehend automatisieren und mit Algorithmen programmierten Geschäftsabläufe durchführen zu können, schuf er mit *Amazon Web Services (AWS)* als sog. Backbone sein eigenes Rechenzentrum-Imperium. Diese vorgehaltenen Kapazitäten bietet er anderen Kunden in Form von Cloud-Services.

Über seine *Prime* Plattform mischt *Amazon* auch bei den Streaming-Angeboten kräftig mit.

Was früher Schallplatten und optische Medien für Musik und Filme waren, konnte jetzt ab den 2010-er Jahren massenhaft aus dem Internet über leistungsfähige Netzwerke und permanent optimierte Apps auf dem Smartphone oder I-Pad zu jederzeit und überall empfangen und abgerufen werden. „Streaming and digital sharing" statt besitzen und analog teilen! „Playlists" statt Audio- bzw. Videothek!

Dov Moran und sein Unternehmen *M-Systems* aus Israel müssen wir noch erwähnen. Er erfand den USB Speicherstick. Dieser Wechseldatenträger nutzt Flash-Speicher zur Speicherung der Daten. Genial daran: Das „Laufwerk" des Mediums ist nicht im Computer, sondern verbindet sich über die USB (Universal Serial Bus) - Schnittstelle mit dem Datenträger.   Flashmedien gibt es auch als Speicherkarten in Form von Adaptern für austauschbare bzw. erweiterbare Speicher, z. B. in Smartphones oder digitalen Fotokameras.

Verdamp Lang Her

In diesem rockigen Musikstück reflektiert Wolfgang Niedecken die Erfahrungen mit seinen Mitmenschen und seiner Umwelt in den ersten Jahren des Erfolgs von BAP. Er singt auch von seinem Verhältnis zu seinem Vater, der als Besitzer eines Lebensmittelladens in Köln sicher eine andere Vorstellung vom Beruf seines Sohnes als Künstler und Musiker hatte. Die beiden hatten eine schwierige Beziehung und es ist *„verdammt lang her, dass sie miteinander gesprochen haben.“* Daran denkt Wolfgang Niedecken, als er am Grab seines Vaters steht.

Mit meinem Vater habe ich, insbesondere in seinen letzten Lebensjahren, wenig gesprochen. Leider. Er war sehr gut versorgt als Witwer in seiner neuen mittelfränkischen Heimat im Haus meiner Schwester. Von dort oben hatte er einen schönen Blick in den Ort und auf den Friedhof mit dem Grab, in dem seine Frau ruhte.

Mein Vater war eher schweigsam und ein stiller Mensch. In seinem Ruhestand kümmerte er sich um seinen Garten, seine Frau und seine Familie. Er übernahm das Ehrenamt des Presbyters in seiner evangelischen Kirchengemeinde. In diese Zeit fielen die Planung und der Bau der neuen Kirche. Diese Aufgabe nahm er sehr gerne wahr.

Mit seiner Güte und Menschenfreundlichkeit hat er mich sehr geprägt. So ruhig und ausgeglichen, wie er war, möchte ich gerne sein, was mir insbesondere beim Älterwerden nicht immer gelingt. Nach einem langen und zufriedenen Leben ist er mit 94 Jahren am 28. September 2007 verstorben und ruht jetzt in fränkischer Erde neben seiner geliebten Ehefrau, mit der er 54 Jahre verheiratet war.

Street Life

Startup Feeling bei *Imation*? Die Mitarbeiter hingen der *3M* Kultur nach. Hersteller- und Konzerndenke herrschten vor. Wir waren vor allem eine Public Company, Eigentümer der Aktionäre: „Wall-Street-getrieben!" Auf die „Street" musste immer Rücksicht genommen werden. Es gab eben keinen visionären, „privaten" Unternehmer an der Spitze oder zumindest einen Mehrheitsgesellschafter, der die eigenen langfristigen Strategien erfolgreich verfolgte und sein eigenes Geld riskierte. So blieben viele Chancen in dieser digitalen Aufbruchszeit und Ausprobierphase ungenutzt. Kein Zukauf war nachhaltig, sondern befriedigte eher kurzfristige Umsatz- und Gewinnziele der „Street". Ich erinnere mich noch sehr gut an die Bemerkung von Bill Monahan im Jahr 2001, als er nach unserem Kundenmeeting abends bei Zigarre und

Cognac seufzte: „*It would be great if we were a private company!*"
Japanische Unternehmen wie *Fujifilm* lassen sich nicht so stark
von kurzfristigen und quartalsgetriebenen Zahlen leiten, sondern
gründen ihren Unternehmenserfolg auf solide technologische
„Assets" und langfristige Vermarktungsstrategien.

Get Down

Diese internet- und technologiegetriebenen Entwicklungen läu-
teten den fünften und vorletzten Akt des *Imation* Dramas ein:
Schrumpfen! Wir haben es nicht fertiggebracht, eine tragfähige
Mehrmarkenstrategie, *Imation* weltweit für die professionellen
Anwender, *TDK* in Europa und Asien und *Memorex* in Amerika
für die Konsumenten, zu entwickeln und umzusetzen. Die Aus-
flüge ins Hardwaregeschäft (*TDK* Hi-Fi-Endgeräte und Kopfhö-
rer) oder in ein Zubehörprogramm für *Apple* Geräte unter der
Marke *XtremeMac* blieben erfolglos. Das galt ebenso für neue
Produkte im professionellen Markt unter den Markennamen *Iron-
key* und *Nexsan,* die sich als Nischenangebote im umkämpften und
schrumpfenden Hardwaregeschäft nicht durchsetzen konnten.
Viele Hardwareprodukte wurden nicht mehr benötigt: Die IT-
Hardware Industrie „entschwebte" in die Cloud.

Letztlich entscheidend war aber der Verlust unserer Hersteller-position in der Magnetbandfertigung mit Produkten für die An-wender in kleinen Unternehmen und bei Mittelständlern sowie in den Rechenzentren großer Firmen. Bei einer meiner schönsten Geschäftsreisen in die USA besuchte das europäische Manage-mentteam im Jahr 2000 die damaligen Produktionsstandorte für unsere Produkte. Da waren wir im *Imation* Werk für CD-Duplizierung in St. Paul, besuchten unsere Diskettenherstellung in North Dakota und die Magnetbandwerke in Arizona und Kalifor-nien.

Davon war alsbald nichts mehr vorhanden, geschlossen und ab-gewandert nach Japan und China. Als Ergebnis des Endes von Technologie- und Produktzyklen, aber auch als winziges Beispiel für die Deindustrialisierung der USA, aktuell häufig beklagt, und im Ruf mündend: *„America first!"* Zur Wahrheit gehört allerdings auch, dass *Imation* den technologischen Anschluss vor allem ge-genüber dem japanischen Hersteller *Fuji* verlor. Die von *Fujifilm* entwickelte sog. ATOMM Technologie ist schon seit einiger Zeit der Standard für die Beschichtung von Magnetbändern in Auto-Loadern und Libraries sowie in Rechenzentren zum Backup und zur Archivierung von Daten mit großer Kapazität. *Fujifilm* ist heute (noch und wieder) das Unternehmen, das *Imation* bei der Ausgründung durch die *3M* 1996 war. Übriggeblieben als

„Dinosaurier" mit einer starken Marke im Fotomarkt und mit magnetischen Produkten in der IT- Industrie und im Healthcare Markt.

Im Downsizing der *Imation* in Deutschland wurde die GmbH aufgelöst. Damit war ich dann auch kein Geschäftsführer mehr, blieb aber Angestellter der *Imation* Europe BV mit Sitz in Hoofddorp in den Niederlanden. Und es folgte 2011 der Umzug in ein noch kleineres Büro auf die 4. Etage eines Hochhauses in der Nähe des Marktplatzes in Neuss und mit Blick auf die mächtige Basilika. Schön - und kurz für mich.

Go Now

"We have to separate!" Ein einfacher und klarer Satz meines Vorgesetzten im Juni 2012. An mich gerichtet. Dieser Satz war immer präsent in dieser Zeit, aber verdrängt. Und jetzt wurde er tatsächlich ausgesprochen. Ich war der letzte „Mohikaner" der alten europäischen Führungsgarde. Ab 2007 wurden meine europäischen Kollegen der Reihe nach – Jahr für Jahr - verabschiedet. Für alle, wie auch für mich, gab es den „Golden Handshake!".

Der „Maastricht-Zyklus" nach 15 Jahren war beendet. 1997 hatten wir ein europäisches Kickoff Meeting in der Stadt des

„Maastrichter Vertrags". Mit meinem Schweizer Kollegen bin ich damals über die deutsch/niederländische Grenze zum Meeting gefahren. Für ihn als Schweizer die staunenswerte erste „grenzenlose" Erfahrung in Europa. Im Mai 2012 waren wir dort wieder zu Gast. Erstmals kam der CEO zu einem Jahresmeeting nach Europa. 2011 fand der letzte Summit in Minnesota statt, und ich war zum letzten Mal in den Staaten.

Mangels Innovationen, Patenten und einer eigenen Produktionsbasis entwickelten wir uns mehr und mehr vom Hersteller zum Händler mit einem weltweiten Distributionsnetzwerk. Ausgestattet mit einem exklusiven Vertrag, *IBM* Magnetbänder für die Laufwerke in den Rechenzentren zu liefern. Das mittlerweile sehr kleine *Imation* Team in Deutschland schlüpfte passenderweise unter in ein Büro als Mieter beim europäischen *Imation* Logistikdienstleister *Fiege* in einem weitläufigen Gewerbegebiet in Neuss, nahe an der Autobahnabfahrt der A46.

Von der „Street" ging dann der Anfang vom Ende der *Imation* Corporation aus, als sog. aktivistische Aktionäre die Mehrheit der Aktien übernahmen, das Management hinausdrängten und sämtliche Vermögensbestandteile veräußerten bzw. Patent- und Markenrechte lizenzierten. Am 21. Februar 2017 wurde die *Imation*

Corporation in *Glassbridge* Enterprises umbenannt und damit zu einem Finanzunternehmen.

In den 1950-er Jahren entstand aus der Zusammenarbeit der *3M* mit *IBM* das erste Computer-Magnetband in den USA. 2017 war die *IBM* der letzte Handelspartner der *Imation*. Dieser Zyklus dauerte immerhin fast 70 Jahre!

Bleiben wir doch noch etwas im Theater, beim wahrscheinlich letzten Akt des *Imation* Dramas. Dem Ende und des Abtretens von der Bühne. Der Vorhang fällt. Beifall des dankbaren Publikums hebt an. Da tritt ein kleiner Mann vor den Vorhang, verbeugt sich mit gekreuzten Armen vor der Brust. Und spricht: „*Ich komme aus Seoul in Südkorea. Wir haben die Markenrechte von Imation lizenziert. Die Marke lebt*!"

IV.

Ab 2012

„Vom Üben zum Handeln"

Roller Coaster

„Was hast Du denn da am Hals? Sieht aus wie eine Beule", fragt meine Frau mich, mir gegenübersitzend beim morgendlichen Frühstück. Ich fühle über die Stelle. Ja, tatsächlich, da ist eine deutliche Beule, ziemlich hart. Sollte sich mal ein Arzt anschauen. Der Arzt entfernt die Beule und macht eine Biopsie. Die Gewebeprobe hat ein eindeutiges Ergebnis: Lymphdrüsenkrebs! Non Hodgkin Lymphom in der niedrig malignen Variante. Behandel-, aber nicht heilbar. Die Krankheit tritt in dieser Form bei Männern ab 60 auf. Passt ja!

Die Lymphzellen, die jeder Mensch in seinen Blutbahnen millionenfach hat, schwellen an und wieder ab. Bei entarteten Zellen bleiben sie vergrößert und richten durch ihre Vergrößerung im Körper Schaden an, drücken auf innere Organe und beeinträchtigen deren Funktionen. Nach heutigem Therapiestandard bei dieser Krankheit lässt man die Zellen in Ruhe, beobachtet sie regelmäßig per Ultraschall und CT im sog. Staging-Verfahren, solange sie sich nicht gefährlich vergrößern. Nach 7 Jahren war das bei mir der Fall. Es folgte eine Chemotherapie, an die sich eine sog. Erhaltungstherapie anschloss. Pandemiebedingt wurde diese Behandlung abgebrochen, um die Immunabwehr des Körpers nicht zu sehr zu schwächen. Zurzeit gibt der Krebs Ruhe und ist nicht rezidiv. Wenn ich beim Zurückkommen des Krebs Glück habe, ist ggf. eine Therapie mit körpereigenen Zellen verfügbar und später gar eine Behandlung mit der mRNA-Technologie. Genügend Kapital durch die Vermarktung des Covid Impfstoffes zur beschleunigten Entwicklung eines mRNA Krebsmittels ist z. B. bei *Biontech* ja vorhanden.

Die Achterbahnfahrt bzgl. Krankheiten hat sich noch mal beschleunigt, als im Herbst 2021 zwei Stents gelegt werden mussten. Offensichtlich eine altersbedingte Erscheinung, unabhängig vom Lymphom. Laut den Ärzten keine Folge des Krebses bzw. seiner Behandlung. Wohl altersbedingt. Klasse!

Zuerst der Job weg und dann auch noch die Krebsdiagnose. Heute weiß ich, das Leben geht weiter. Wenn auch anders als bisher.

Outside

Ja, das Loch war dann schon da. Ich fühlte mich ausgeschlossen, zweifach: Aus einem halbwegs gesunden Leben ohne Krankheiten (so wie bisher) und aus dem Beruf: Aus dem Gesund- und Berufsleben! Der zweite Ausschluss ist heilbar. Wie das funktioniert hat, möchte ich jetzt erzählen mit der gleichen Terminologie wie bei Krankheiten: Behandlungsmethodik, Diagnose, Therapie und Übungen.

Die Behandlungsmethode heißt *Outplacement*, die Beratung zur beruflichen Neuorientierung. Der Arzt ist hier allerdings ein Psychologe, der in meinem Fall in 10 Therapie-Sitzungen mit dem Patienten bzw. Klienten arbeitete, um eine Standortbestimmung vorzunehmen und eine neue berufliche Aufgabe zu finden, die den eigenen Fähigkeiten entspricht. Einige Übungen zum Schreiben von Arbeitsblättern mit der fachlichen Unterstützung des Coachs (*meine Trennungsstory, meine Leistungen und Erfolge, meine Schlüsselqualifikationen*) sind dabei hilfreich.

Meinen ausgearbeiteten sog. *90-Sekunden-Spot* möchte ich erwähnen:

„Vielleicht lässt sich meine bisherige berufliche Karriere mit einem Fußballspiel vergleichen. In der ersten Halbzeit sah es für mich nach einer klassischen Laufbahn beim internationalen Mischkonzern 3M aus. Start im Marketing, dann kamen Vertriebs- und Führungsaufgaben mit steigender Verantwortung in verschiedenen Geschäftsbereichen dazu. Vor allem mein Jahr in der Konzernzentrale in Minnesota möchte ich hier nennen.

Dann aber fasste 3M wohl den einschneidendsten Entschluss in der mehr als 100-jährigen Firmengeschichte und schickte 1996 mehrere Geschäftsbereiche per Spin-off unter dem Namen Imation in die Selbständigkeit.

Und damit startete für mich die zweite Halbzeit in einer anderen Liga. Vom Konzern in ein so nicht lebensfähiges Start-up Unternehmen. Und hier war ich gefordert, mittendrin und in meinem Element, denn eine aufregende Reise ins Ungewisse begann.

Die Erfolge des Geschäftsbereichs Data Storage der Imation in Europa habe ich maßgeblich mitgestaltet. Als Business Manager in DACH und 7 Jahre als Geschäftsführer der Imation Deutschland GmbH sowie in den letzten 3,5 Jahren als europäischer Leiter des B2B Geschäftes der Imation Europe BV. Hier war ich für 120 Mio. USD Umsatz und 50 Mitarbeiter in Vertrieb, Marketing und Tech Service verantwortlich.

Zuletzt habe ich den notwendigen Transformationsprozess der Imation in Europa vorangetrieben, um zu Wachstum zurückzukehren. Da aber der neu eingestellte European Vice President ein erfahrener Manager in dem angestrebten Wachstumssegment ist, wurde meine Position obsolet und von ihm übernommen. Auf meinem Level gab es keine alternative Aufgabe für mich.

Deshalb möchte ich meine Management- und Führungserfahrung in volatilen und dynamischen Märkten als Berater und Interim Manager kleinen und mittelständischen Unternehmen zur

*Verfügung stellen. Dabei kann ich alle Elemente eines guten Fuß-
ballers in die Waagschale werfen: Teamplayer, Stratege, Taktiker,
aber vor allem erfolgreicher Leader, Trainer, Manager und
Coach in einer Person."*

Natürlich ist dieser Spot eine *„Sales Story"*, geschönt und ge-
glättet, ohne kritische Zwischentöne, beschreibt aber inhaltlich
präzise 32 Jahre Berufstätigkeit.

Zur Diagnostik im *„Outplacement Prozess"* gehört die Beant-
wortung eines Fragebogens. Das überraschendste Ergebnis des
Testbogens für den Psychologen war, dass ich trotz meiner bestätigten persönlichen Eigenschaften als offener, kommunikativer
und überaus menschenfreundlicher Mensch offensichtlich keine
Freunde hatte. Gründe? Keine Zeit, keine Lust, keine Gelegenheiten! Alles Ausreden! Klar, im Job Freunde zu haben, ist zwar nicht
so toxisch wie in einer Partei, aber wenn der Job wegfällt, sind
zumeist (freundschaftliche) Beziehungen im Unternehmen beendet.

Und in der freien Zeit neben dem Beruf kommt die Familie zuerst. Für Freunde bzw. die Entwicklung von Freundschaften blieb
mir da wenig Zeit. Das änderte sich 2006, als Marion und ich beschlossen, zusammen einen Tanzkursus zu belegen. Oh Gott!

Murder on the Dancefloor

Überraschung: Da tanzen wir bis heute, in der „*Tanzfabrik*" mit inzwischen nur vier Ehepaaren, immer freitags ab 20:15 Uhr. Und wir tanzen nicht um irgendwelche „Bänder", kein Leistungstanzen, nein Spaßtanzen! Die Frauen führen (zumeist), die Männer folgen (zumeist). Die Tanzlehrer coachen und haben auch Spaß an uns (immer). Schöner Nebeneffekt für mich, die Musik spielt sich nicht nur im Kopf und im Herz ab, sondern geht auch in die Beine und regt die Synapsen an, im besten Falle.

Und da sind Menschen, Paare auf der Tanzfläche. Es menschelt außerordentlich beim Tanzen, zu Morden ist es glücklicherweise bisher noch nicht gekommen, zu Wortgefechten schon! Das ist dann alles wieder schnell vergessen, wenn die Paare in die Tanzpause gehen bzw. in den Tanz-Feierabend, streng getrennt in Männ- und Weiblein, mit exotischen Drinks („die Grünen") für die „Tanzfrauen" bzw. alkoholfreiem Weizenbier und Kölsch für die „Tanzbären", wie sich die geschlechtsspezifischen WhatsApp-Gruppen nennen. Diese kostbare Zeit ist dann auch der Übergang von der Arbeitswoche ins Wochenende. Mit Gesprächen und Diskussionen über Gott und die Welt, Politik nicht zu vergessen. Zuletzt über Corona – und leider Krieg! An einigen Wochenenden in den letzten Jahren gehörten auch gemeinsame Städtetouren und Kochevents dazu. Und Skat wird auch gespielt, gar geboßelt. Karl, der Ostfriese bei den Tanzbären, hat diesen ostfriesischen Nationalsport auf niederrheinische Feldwege verlegt und uns damit vertraut gemacht.

Advice for the Young and Heart

„Wenn ich nicht mehr weiterweiß, gründe ich einen Arbeitskreis!" Dieser Kalauer war definitiv nicht der Grund für die Gründung des AKCSI (Arbeitskreis Computer Supply Industry) im Jahr 1997. Der Gründer, vormals Geschäftsführer bei Toshiba (in Deutschland und ansässig in Neuss) und bei Büro Actuell, einer Genossenschaft für Bürofachhändler, hatte erkannt, dass Computer Hardware viel Supply (Verbrauchsmaterial) wie Papier, Druckerpatronen und Speichermedien produzierte. Und er hatte erkannt, dass die Firmen, die diese Verbrauchsmaterialien vermarkten, gemeinsame Interessen teilen und Herausforderungen, z. B. die wachsende Konzentration des Handels, zu bewältigen haben.

Und so gingen 1997 Repräsentanten dieser Unternehmen aus dem IT-Hardware Umfeld an den Start: *3M, Zweckform, Pelikan* und *Fellowes* waren die Gründungsmitglieder. Durch Verträge abgesichert und unter notarieller Aufsicht, kartellrechtliche Regeln beachtend. Später kamen *Imation, Mondi, Brother* sowie *Tesa* und *Acco*, und schließlich *PF Concept, Assmann Group* und *SanDisk* (gehört heute zu *Western Digital*) dazu. Einige Mitgliedsfirmen sind zwischenzeitlich wieder ausgeschieden.

Meetings finden jeweils zweimal im Jahr statt, an verschiedenen Orten, häufig in Berlin. Oft sind die Firmen Gastgeber. Gäste werden häufig eingeladen, die wichtige Themen und Diskussionen in den Kreis bringen: Die Digitalisierung und Transformation der Industrie, die europäisch und global ausgerichtete Zentralisierung und Filialisierung der vormals lokalen Handelsstrukturen, das Entstehen und die Entwicklung des Online-Handels, vorangetrieben durch *Amazon*.

Neues (auch „Klatsch und Tratsch") aus der Industrie und dem Handel sowie den Mitgliedsfirmen erfahren und teilen, Trends und Ideen diskutieren, aber sich vor allem untereinander austauschen und vertrauen, das ist die Motivation und der Antrieb für die Mitglieder dieses Gremiums. 2019 haben wir uns umbenannt in MPBT (Management Platform for Business Transformation) und im nächsten Event Startups in Berlin besucht.

Das war dann leider unsere letzte gemeinsame Präsenzveranstaltung. Corona hat uns ausgebremst. Mittlerweile sind weitere Mitglieder ausgeschieden, so dass wir nach insgesamt 25 Jahren den Arbeitskreis nach einem letzten Treffen im Frühjahr 2022 in Berlin aufgelöst haben. Alles hat halt seine Zeit.

Football's Coming Home

Eine weitere Mitgliedschaft! Als ich zufällig herausfand, dass mein Heimatort „Habbelrath" in der Vereinshymne des 1. FC Köln vorkommt, ist es dann letztendlich passiert. Endlich! Ich wurde Mitglied bei meinem Verein. Einer von mittlerweile 132.439 (Stand: September 2023) Mitgliedern. *„Zwei Farben. Eine Liebe.*" Wer liebt, der leidet. Diese Erfahrung macht jeder Fan, insbesondere bei diesem Traditionsverein der viertgrößten Stadt in Deutschland mit dem Maskottchen Hennes. Mittlerweile Hennes IX, seit am 13. Februar 1950 der 1. FC Köln vom Circus Williams Hennes I geschenkt bekommen hat.

Verkaufsoffener Sonntag in Dormagen. Meine Frau und ich schlendern auf der 1. Etage des örtlichen Kaufhauses zufällig an einem Stand vorbei, auf dem der umtriebige Geschäftsführer des Kaufhauses – von *Reebok* gesponsert – eine Verlosung von 2 VIP-Tickets für ein Heimspiel des 1. FC Köln auslobt. Wir bleiben stehen und warten auf die Quizfrage. Ich schaue mich um und sehe lauter junge Männer. Okay, wenn jetzt eine Frage aus der frühen FC-Zeit kommt, habe ich eine Chance. *„Welcher Spieler erzielte*

194

im WM-Finale 1966 in Wembley das 2:2 und ermöglichte durch sein Tor die Verlängerung?" Meine Antwort – wie aus der Pistole geschossen: *„Wolfgang Weber!"*

Wolfgang Weber ist acht Jahre älter als ich und wurde in der Kreisstadt Schlawe in Pommern geboren. Ein Vertriebener und *„Immi"* (Kölsch für Immigrant = Nichtkölner, Zugereister). Legendär war die Härte des Innenverteidigers gegen sich und seine Gegenspieler. Beim Viertelfinalspiel 1965 im Europapokal der Landesmeister gegen den englischen Meister FC Liverpool brach sich Weber das Wadenbein und spielte bis zum Ende weiter, da noch nicht ausgewechselt werden durfte. Der Vergleich wurde erst durch den „Münzwurf von Rotterdam" zugunsten Liverpools entschieden. Die 60-er und 70-er sowie der Beginn der 80-er Jahre mit Wolfgang Overath, Hennes Löhr (die „Nas"), Toni Schumacher, Heinz Flohe, Bernd Cullmann und Gerd Strack waren die Glanzzeit des FC mit 3 Pokalsiegen und 2 Meisterschaften.

Die gewonnenen VIP-Tickets galten für die Bundesligapartie gegen Mainz 05, dem anderen Karnevalsverein in der 1. Bundesliga. Das Spiel endete 1:0 für den FC. Seit meiner Mitgliedschaft 2012 ist der FC zweimal ab- und wieder aufgestiegen. In der aktuellen Saison 2023/2024 läuft es nicht so gut. Der nächste Abstieg droht. Die Fans kommen trotzdem massenhaft ins Stadion und unterstützen ihren FC. Und singen inbrünstig, ihre Vereins-schals hochhaltend und wedelnd, zum Anpfiff jedes Heimspiels: *„En Rio, en Rom, Jläbbisch, Prüm un Habbelrath, üvverall jitt et Fans vom FC Kölle!"*

Human

Meine Transformation vom Angestelltendasein in die Selbstän-digkeit dauerte schon eine gewisse Zeit. Als Ergebnis der Out-placement-Therapie wurde ich Berater, Personalberater, Head-hunter, Einzelunternehmer. Ein Wechsel von Medien zu Menschen, von Objekten zu Subjekten. Nach zwei Jahren Übung mit einem Auftrag wurde es dann Ende 2014 erheblich besser. Und das kam so. Zufällig stieß ich bei der Akquise im vom Vor-gänger übernommenen, aber nicht mehr gepflegten Recruiting System auf das Unternehmen *AIMS International* in Neuss, im System codiert als Industrieunternehmen im Maschinenbau. Im Gut Vellbrüggen. Der Standort war mir wohl bekannt. Dort ein Industrieunternehmen?

Die Internet-Recherche brachte schnell Klarheit. *AIMS* ist ein internationales Personalberatungsunternehmen in Deutschland.

AIMS International sucht selbständige Berater, gerne auch ältere, erfahrene! Passte! Heimspiel – in Neuss, die Konstante seit 1980. Ich suchte und fand Kandidaten in Deutschland für meistens internationale, mittelständische Unternehmen.

Die Aufträge bzw. Suchprojekte kommen zumeist aus dem Netzwerk der global aufgestellten Partner in 50 Ländern und werden durch gleiche Prozesse systematisch abgearbeitet. Menschen als Kunden bzw. Klienten einerseits und Menschen als Kandidaten andererseits zusammenzubringen und „passend" zu entwickeln und damit kompatibel zum gesuchten Profil zu machen, das ist der Job. Wenn das auch noch im internationalen Umfeld stattfindet, bin ich schon in meinem Element. Meine berufliche Erfahrung hilft dabei. Persönliche Verhaltensweisen und Ausprägungen stören allerdings manchmal den reibungslosen und gut durchstrukturierten Suchprozess. Plötzlich sind Kandidaten nicht mehr erreichbar oder haben sich kurzfristig anders entschieden. Klienten, ob Personaler oder Vorgesetzte, in ihren von außen verborgenen Organisationstiefen, treffen keine bzw. überraschende Entscheidungen. Menschen halt. Berufliche Wechsel für Bewerber und ihre Familien bzw. Einstellungen für Unternehmen und ihre Mitarbeiter sind wichtige Ereignisse auf beiden Seiten.

I've Been Searching So Long

Von einem Suchprojekt möchte ich erzählen. Mit Zutaten einer hollywoodreifen Story inkl. einem Happy End. Eine Crafts Beer Brauerei in Lettland suchte einen deutschen Braumeister. Bei der Suche konnten wir auf einen Filmbeitrag des ZDF zurückgreifen, der über die Mediathek auch noch verfügbar war. In diesem Bericht stellte der ZDF-Auslandskorrespondent den deutschen Braumeister in Valmiera in der Brauerei *Valmiermuiža* vor. Der war bereits 9 Jahre in Lettland tätig und sollte jetzt durch einen erfahrenen neuen Braumeister aus Deutschland ersetzt werden.

Der Gründer und Betreiber der Brauerei, hatte mich zu einem Besuch eingeladen, um mir die Brauerei zu zeigen und mich über die gesuchte Position vor Ort zu informieren. Er holte mich am Flughafen in Riga ab und führte mich zunächst in das eigene Ladengeschäft in Riga, in dem die *Valmiermuiža*-Biere und andere lettische Spezialitäten verkauft worden. Dann fuhren wir etwas mehr als 100 km nach Valmiera in den Nordosten Lettlands.

Auf der Fahrt dorthin erzählte er die Geschichte der Brauerei. In Valmiera (deutsch Wolmar) gibt es eine langwährende Brautradition. Im dortigen Gut wurden bereits im 18. Jahrhundert berühmte Biere wie das Baltic Porter gebraut. Diese Tradition ließen er und seine Finanzpartner aus Österreich und Deutschland wieder aufleben, bauten das durch den Krieg zerstörte Gut und die Brauerei wieder auf und verkauften 2009 die ersten Craft Biere.

Der Firmengründer erzählte aber auch von Lettland, dem mittleren der drei baltischen Staaten mit 1,9 Mio. Einwohnern und mit Grenzen zu Russland und Belarus, seit 2004 Mitglied der Europäischen Union und der Nato. Er berichtete von der russischen Minderheit im Land mit über 500.000 Einwohnern und der wechselvollen Geschichte seines Landes.

Er hat sofort die Chancen genutzt, die ihm die demokratischen Strukturen und wirtschaftliche Prosperität nach dem Zerfall der Sowjetunion boten, war zunächst bei einer internationalen Werbeagentur in Riga tätig und gründete dann mit dem ersten verdienten Geld sein eigenes Unternehmen, verband sein persönliches, professionelles Interesse am Craft Beer mit der Brautradition seiner Heimatstadt.

Später am Abend durfte ich mich, dort angekommen, in der Braustube durch die verschiedenen Biere kosten. Am nächsten Tag besichtigte ich die Brauerei, fast ausschließlich mit einem Maschinenpark aus Deutschland ausgestattet, die Rohstoffe wie Hopfen und Malz ebenso importiert. Bzgl. Anlernen und Ausbilden seiner Mitarbeiter als Brauer fing der Gründer mit seinem deutschen Braumeister bei null an.

Derartig professionell informiert, startete ich in Deutschland mit seiner jahrhundertealten Brautradition und mehr als 1500 meistens kleinen und lokalen Brauereien die Kandidatensuche. *„Wo erreiche ich Sie denn gerade?"* fragte ich einen der ersten Kandidaten. *„Ich bin zurzeit noch sechs Wochen auf der Aida. Wir haben auf unserem Kreuzfahrtschiff eine eigene „Erlebnisbrauerei. Ich braue und verkoste Biere an unsere Gäste!"* Einen weiteren Kandidaten aus Bayern, der gerade seinen Braumeister gemacht hatte, erreichte ich seit Tagen nicht mehr. Er rief auch nicht zurück. Nach einer Woche erhielt ich eine E-Mail von seiner Freundin mit der Nachricht, dass ihr Freund ganz plötzlich verstorben sei.

Videoschaltung in eine Mälzerei! Mit dem nächsten Kandidaten hatte ich einen Skype Call (2 Jahre vor Zoom und Microsoft Teams!) verabredet: *„Ich arbeite gerade kurzfristig in einer Mälzerei."* Der Kandidat sitzt mir in einer Art Büro und Maschinenraum im leicht verschwitzten T-Shirt gegenüber. Während des Gesprächs zischt, brodelt und rappelt es ringsum in gleichen monotonen Geräuschen.

Fündig wurde ich bei einem junggebliebenen Junggesellen, der als Braumeister in einer mittelständischen Familienbrauerei im Südwesten Deutschlands tätig war. *„Mit Craft Bieren beschäftige* *ich mich seit langem, durch meinen Onkel in den USA. Den besuche ich regelmäßig. Da habe ich viel gelernt. Das interessiert mich sehr.* " Und da dieser Kandidat sich noch einmal beruflich verändern wollte, passte das Angebotspaket des Braumeisters mit eigener kleiner Wohnung und einem Auto im lettischen Valmiera.

We Didn't Start the Fire

"Nobody would believe it might have happened. But unfortunately, it is happening. Now. I understand, our previous warnings about Russia being a terroristic country was seen as paranoid. Well, living next to the aggressor, that was threatening to enslave us once again for the last 20 years, had its impact." Dies schrieb mein Kollege und AIMS International Partner in Litauen, als Putin und seine (offensichtlich zumeist ahnungslosen) Soldaten die Ukraine angreifen, Städte dem Erdboden gleichmachen und unschuldige Zivilisten gezielt töten.

Bittere Wahrheiten. Die Friedensdividende ist aufgezehrt. 77 Jahre Frieden in Europa, den Zerfall Jugoslawiens Anfang der 90er Jahre als regionalen Konflikt bewertend, sind vorbei. Ein verbrecherischer Krieg – mitten in Europa – hat die schöne, sichere Scheinwelt weggefegt. Dagegen war die Zeit des Kalten Krieges berechenbar. Atommächte standen sich gleich stark und zugleich gleich schwach gegenüber.

Und jetzt? Die Zeitenwende ist da! Ein fürchterlicher moralischer und ethischer Konflikt für den Westen, insbesondere für die Deutschen in der gemütlichen „Nie wieder!" – Deckung. Unschuldige Menschen sterben zu Tausenden in der Ukraine und flüchten vor ihm - millionenfach. „Wandel durch Handel" hat uns zwar reich gemacht, aber das Entstehen von Autokratien mit Atomwaffen nicht verhindert. Vollbremsung und Rückwärtsgang: Kein Handel mehr mit Russland und wohl „temperierte" Sanktionen, die den Deutschen nicht zu viel abverlangen. Waffenlieferungen an die Ukraine und Aufrüstung der Bundeswehr zu einer wehrhaften Armee zur Verteidigung der Demokratie und der Freiheit im Verbund der NATO.

Unsere Herausforderungen: Klimawandel, Corona und Krieg. Vielleicht hängt das auch alles zusammen. Autokratische Despoten, die selbstisoliert und immunisiert ihre imperialen Fantasien ins Werk setzen, Stalin und Mao lassen grüßen. Und der Nazi-Jargon ist fester Bestandteil der russischen Propagandasprache. Jetzt muss alles (noch) viel schneller gehen. Raus aus Gas, Kohle und Öl, rein in die Erneuerbaren, aber bitte auch unter sicherheitspolitischen Kriterien.

Ich hatte meine Generation schon fest mit „3G" (Glück gehabt Generation) etikettiert! Falsch. Wie mag es den Generationen unserer Kinder in dieser neuen, gefährlicheren Welt ergehen? Flucht ist zurück, Inflation ist wieder da, Rezession wird kommen. Und wie lange wird der Krieg mitten in Europa dauern, für den es offensichtlich nur eine militärische Lösung geben kann? Wie Putin aufhalten und ablösen, Russland einhegen?

Wir schaffen das! Schaffen wir das?

Der Weg

Wir lernen gerade (wieder), dass unschuldige Menschen im Krieg sterben. Hatten wir schon vergessen oder es war weit weg! Menschen sterben durch Unfälle, vor allem aber durch Krankheiten. Wie Künstler, Sänger solche Schicksale verarbeiten, damit fängt diese Geschichte an.

Herbert Grönemeyer, studierter Musiker, startet in den 1980-er Jahren als musikalischer Leiter bei Peter Zadek im Bochumer Schauspielhaus und wird bekannt durch die Hymne auf seine Heimatstadt auf der gleichnamigen LP „Bochum". *„Du hast einen Pulsschlag aus Stahl...du Blume im Revier"* singen die Fans vom Bundesligisten VFL Bochum bei jedem Heimspiel.

Innerhalb einer Woche hat Herbert Grönemeyer seine Ehefrau und seinen Bruder durch Krankheiten verloren. Existenzielle Schicksalsschläge und tiefe Einschnitte. Trauer, Wut, Fragen, Weiterleben und Hoffnung. Diesen Gefühlen und Gedanken gibt Herbert Grönemeyer Stimmung und Stimme in seinem Album „Mensch". *„Ich gehe hier nicht weg, hab meine Frist verlängert, neue Zeitreise, offene Welt"*, spendet er Trost im Song *„Der Weg"*

Das ist Popmusik. Das ist Lyrik. Lyrik und Lyrics sind hier eins! *„Popmusik ist nicht naiv, sie hat immer etwas Verkleidetes an sich. Sie fällt einem nicht einfach so ein, hinter ihr steckt, unterschiedlich stark, das Kalkül, den Publikumsgeschmack in einer bestimmten Situation, einer bestimmten Zeit zu treffen und manchmal sogar ihn zu revolutionieren. Wenn Songtexte stimmen, zur Musik passen, haben sie, was schwer genug ist, ihren Auftrag meist schon erfüllt. ...Große Pop-Lyrics sind so etwas wie Schnäppchen für Lyriksuchende. Umgekehrt kann es große Popwerke mit banalen, völlig unlyrischen Texten geben. "*

Da schließt sich der Kreis zum großen Meister Bob Dylan. Der hat dann doch noch nach längerem Zögern eine Antwort auf die Verleihung des Literaturnobelpreises gegeben, in einer Video-Einspielung: *„You want your songs to sound good"* lautet die Quintessenz seiner Interpretation und Botschaft.

Verlassen wir das Feuilleton. Bleiben wir im Rheinland, in Köln beim Dylan Fan Wolfgang Niedecken. Wolfgang Niedecken nimmt uns mit in seinem neuen Album auf seine „*Dylanreise*". Mit Songs von Dylan in Englisch und auf Kölsch gesungen und mit gesprochenen Texten dazwischen. Er erzählt von seinen Anfängen als Interpret von Dylan Songs in Kölner Kneipen und von seinen Reisen in die USA, den Spuren Dylans folgend, war auch in Duluth und in Hibbing in Minnesota, hat ihn sogar einmal persönlich getroffen in Saarbrücken, ihm eine bestellte, besondere Gitarre aus deutscher Produktion überreicht und mit ihm kurz gesprochen, sich dabei aber nicht als Dylan Fan und Dylan Interpret geoutet.

Bitter Taste

„Hast Du Lust und Zeit, mit mir ein Konzert zu besuchen?", fragte mich mein Kollege aus den Niederlanden, da seine Frau an diesem Tag nicht mitkommen konnte. Ich hatte beides. Und so besuchten wir am 12. Juli 2010 ein Konzert von Billy Idol, dem Punk- und Rocksänger aus den Achtzigern. Dass der eigentlich noch lebte nach etlichen Drogenexzessen und seinem fast tödlichen Motorradunfall, war ein Wunder. Auch der Ort des Geschehens hatte einen besonderen Reiz. Das Paradiso in Amsterdam ist

aus einer alten Kirche entstanden. Da performte nun Billy Idol in typischer Stiefel- und Ledermontur auf der Bühne und brachte die Fangemeinde unter der ehemals kirchlichen Kuppel in Wallung. Mit einem Bier in der Hand hatten wir dabei großen Spaß und blickten von den Gängen der Empore auf das mitreißende Geschehen im säkularisierten, mit Scheinwerfer-Nebelschwaden durchzogenen Saal.

Zum Künstlerleben eines Popmusikers gehören Konzerte wie die Luft zum Atmen. Das direkte Aufeinandertreffen von Star und Fan. Alle Sinne im Einsatz. Und das gesamte Spektrum des Kreischens und Mitsingens, vom Wiegen und Wogen in der Menge bis zu ergriffenem Zuhören. Aktionen und Reaktionen auf und vor der Bühne.

Bei manchen Popstars hat man Eindruck, dass sie ständig auf Tour sind, Welttourneen bestreiten, im Tourbus und in Hotelzimmern leben. Die Pandemie hat diese dritte Dimension (zusätzlich zu Audio und Video) vollkommen pulverisiert. Einnahmequellen sind von heute auf morgen weggebrochen, die gesamte Veranstaltungsindustrie wurde zum Erliegen gebracht. Die Interaktion mit der Fan-Gemeinde über die sog. Sozialen Medien konnte diese emotionale Beziehungslücke nicht schließen. In diesem Jahr wird wieder aufgetreten: *„We are back!"*

„Die größte Rockshow des Jahrhunderts", so lautete die Schlagzeile! Gigantismus pur! Mein Freund Rainer und ich waren dabei an jenem 14. Februar 1981 in der Dortmunder Westfalenhalle. Pink Floyd sind zu Gast auf ihrer Welttournee *„The Wall!"* Je 7 Tage Auf- und 5 Tage Abbauzeit brauchen die 240 Helfer der Road Crew. 23 Sattelschlepper transportieren das Equipment, die Hälfte der Hallen wird für Bühnentechnik genutzt, hydraulische Hebebühnen und ferngesteuerte Kräne sowie neuentwickelte Hochleistungsprojektoren sorgen für die besonderen Show-Effekte.

Während des Konzerts mit allen möglichen audiovisuellen Tricks inkl. eines täuschend echten Hubschraubergeschnatters über den Köpfen der Zuschauer, wird eine Mauer aus 250 Steinen in 14 m Höhe und 55 m Breite errichtet, bis der letzte Stein hineinpasst und *„I don't need no education"* verklungen ist."

Billy Joel hätte ich gerne live gesehen. Er kam in seiner aktiven Zeit nur einmal im Jahr nach Deutschland und hat in der Frankfurter Jahrhunderthalle ein Konzert gegeben. Wer möchte, kann ihn auch live erleben auf seinem neuen Album *„50 Years of the Piano Man"* und sich anhören, wie perfekt ein Pop Lyriker wie Billy Joel Stimmungen musikalisch erzeugen kann.

Paul Simon und Sting haben sich vor ein paar Jahren zusammengetan und sind auf Tour gegangen. Dieses Konzert in der Lanxess Arena in Köln habe ich besucht – mit meinem Sohn Max, der mich auf diesen einmaligen Gig aufmerksam machte.

I Will Survive

45 Jahre zurückschauend ins Jahr 1977, als ich im Mediengeschäft angefangen habe zu arbeiten, gab es als bespielte Medien Schallplatten und Musikkassetten sowie unbespielte Audio- und Videocassetten. Dann folgte die Compact Disc und danach weitere optische Datenträger im baugleichen Format. Damit vollzog sich die Transformation vom Analogen ins Digitale. Viele der physischen digitalen Medien, die ich in diesem Buch beschrieben habe, sind vom Markt verschwunden. Für Nutzer und Nostalgiker, die entsprechende Laufwerke noch besitzen, gibt es einen Markt dafür, z. B. auf *Ebay*. Aber ansonsten sind diese Technologien ausmigriert und die entsprechenden Produktzyklen beendet.

Der Markt hat sich entmaterialisiert, vom Haptischen ins Digitale. In die Clouds, erreichbar über das Internet und die entsprechenden Apps. Diese Transformation zeigt anschaulich das folgende Schaubild vom Bundesverband der Musikindustrie:

Deutlich mehr als drei Viertel des Marktes sind heute digital, im Wesentlichen durch das Audio-Streaming, z. B. in Playlists wie auch in diesem Buch. Der physische Anteil schrumpft auf weniger als ein Viertel.

Obwohl, da überlebt gerade ein Dinosaurier und wächst sogar im Musikmarkt: Vinyl-Alben heißt die Schallplatten-Kategorie. Ihr Anteil könnte erheblich höher sein, denn die Anzahl der noch funktionsfähigen Presswerke deckt bei weitem nicht den Bedarf. Und hier sind nicht nur Hi-Fi Enthusiasten und Puristen unterwegs, sondern alte und immer mehr junge Fans von Vinyl-Alben ihrer Sänger und Bands, die erkannt haben, dass aufwändig gestaltete Cover oder gar Sonder- und Werkausgaben nicht nur Musik transportieren, sondern auch Bilder und Texte. Fan-Bindung in der schönsten, konventionellen Form!

„Wer der Cloud nicht traut", der ist gut beraten, physische Datenträger zur Datensicherung zu nutzen. Ob es externe Festplatten

mit SSD-Technologie oder - einfacher - leistungsstarke und passwortgeschützte USB-Sticks sind, regelmäßiges Backup z. B. persönlicher oder gar unternehmenskritischer Daten ist heutzutage wichtiger denn je. Die Cyberkriminalität hat enorme Ausmaße angenommen. Davor schützen nicht nur sichere Passwörter und eine gewisse Vorsicht bei der Verwendung externer Daten, sondern eben auch mobile Speichermedien, auf denen regelmäßige Datensicherungsroutinen erfolgen und die – getrennt vom – Computer an einem sicheren Ort aufbewahrt werden.

Money

Bruce Springsteen tut es, Tina Turner tut es, Eric Clapton auch, sogar Bob Dylan hat's gemacht. Der „Boss" hat allerdings den Vogel abgeschossen. Auf mehr als 500 Mio. Dollar wird sein Deal geschätzt. Die Stars verkaufen die Rechte an ihrer Musik, an ihren Texten, an Vermarktungsformen und Marken entweder an die sog. Majors der Schallplattenfirmen (*Universal, Sony, Warner, BMG*) oder gleich an Fonds, die sich auf Musikrechte spezialisiert und ein neues, lukratives Anlageformat entdeckt haben.

"Money makes the world go round!" Das Streaming revolutioniert den Musikmarkt. 70 bis 80 % macht das Kataloggeschäft bei den Majors aus, also die Vermarktung von Songs, Texten und

Hits, die durch Streaming millionenfach heruntergeladen werden und nachhaltig Einnahmen generieren. Ein typisches digitales Plattform Geschäft. Der Vorteil für die etablierten Künstler, die ihre Rechte verkaufen: Einen einmaligen Geldbetrag oder ggf. auch weitere Tantiemen, die sie sich jetzt durch ihre Deals gesichert haben. Sie und auch ihre Erben brauchen sich darum später nicht (mehr) zu kümmern und können sich ganz auf das Schreiben von Songs, auf Konzerte und auf Promotion Auftritte konzentrieren.

Schwieriger ist das Geschäft für Newcomer geworden. Die Aufteilung der Tantiemen beim Streaming zwischen den Streaming-Plattformen, den Labels der Künstler und den Künstlern selbst ist umstritten, denn der Tantiemen Anteil bei den Labels ist wohl (noch) höher als nötig, da Kosten für die physische Distribution bei der digitalen Vermarktung wegfallen. Durch die heutigen Hör- und Nutzungsgewohnheiten sind kurze Musikstücke mit sofort eingängigen Melodienfolgen wichtig, um angeklickt zu werden.

Streaming ist für mich mittlerweile das individuelle und zuweilen intuitive Stöbern durch die Backkataloge der Labels auf dem I-Phone, wenn ich es mir in meinem Medienkeller gemütlich gemacht, die alte *B&O* Anlage in Betrieb gesetzt und den über die 5-polige AUX-Buchse angeschlossenen Bluetooth-Adapter aktiviert habe. Digitale und analoge Welt sind vereint! Abrufbare Informationen (Texte, Künstlerinfos, Alben sowie Videos) sowie im Hintergrund ausgeführte Algorithmen lassen mich auch neue Interpreten und Songs entdecken, gerne auch wieder längere Stücke, wie *„Year oft the cat"* von Al Stewart, *„American Pie"* von Don McLean oder *„Riders on the storm"* von den Doors, die den eingerichteten oder neuen Playlists hinzugefügt werden.

Music

Dazu passt eine Playlist der besonderen Art. Was mag im Pophimmel vor sich gehen? Vielleicht trommelt Charlie Watts mit *„Get off of my cloud"* gerade eine illustre Schar von Popstars da oben zusammen und gibt jetzt wie zuvor immer in den 50 Jahren bei den Rolling Stones auf der Erde den Takt vor?

Ich spreche jetzt nicht von der Phalanx der berühmten 27-jährigen (von Jimi Hendrix bis Amy Winehouse), die in diesem Alter meistens durch den Einfluss von *„Drugs & Rock'n'Roll"* und gemäß dem Wahlspruch *„Die young before getting old"* zu Tode gekommen sind. Nein, diese Liste ist anders.

Ich fange an mit Jim Croche, der in seinem Hit „*Operator*" so schön kitschig besingt, wie „menschlich" Telefonieren noch vor 50 Jahren funktionierte.

Was für eine geniale Idee von den Pet Shop Boys, die fast schon vergessene Dusty Springfield kurz vor ihrem Tod auf ihrem Hit „*What have I done to deserve this?*" mitsingen zu lassen!

Ihre Freundin Petula Clark *(„Downtown")* hat über diese Sängerin gesagt: „*Karen hatte es nicht nötig, um die Noten herumzutanzen, um irgendetwas zu beweisen, wie das heute so viele glauben tun zu müssen. Sie ließ es einfach aussehen, und dafür habe ich sie bewundert.*" Die Rede ist von Karen Carpenter von den Carpenters. Ich oute mich: Sie hat die schönste Stimme am Pop Firmament: *" (They long to be) close to you*" beweist es. Meine erste gekaufte LP war von den Carpenters. Seit 1983, mit 32 Jahren an Magersucht verstorben, weilt sie bereits da oben.

Auf der Disco-Wolke geht's zur Sache: Das Love Unlimited Orchestra mit vielen Streichern, der weibliche Love Unlimited Chorus und der Maestro Barry White. Disco Sound der Siebziger und Achtziger mit „*Love's Theme*", dem größten Instrumentalhit in dieser Zeit. Analog, live und schweißtreibend von Barry White und seinem Orchester eingespielt.

„Als Joe Cocker den Song dann ein Jahr später gecovert hat, hat er daraus etwas gemacht, das sich vorher niemand hätte vorstellen können", damit adelt Paul McCartney diese Version seines von ihm und John Lennon geschriebenen Songs *„With a little help from my friends"*. Vielleicht weil Joe Cocker in diesem Lied den wohl berühmtesten Schrei der Popmusik ausstößt, der bis zur Erde herunterschallt.

Seit 1996 ist diese wunderschöne Stimme schon verstummt. Viel zu früh. Die Rede ist von Eva Cassidy aus Kanada. Ihre Interpretation von *„Bridge over troubled water"* hörenswert.

Falco oder Johann „Hans" Hölzl, wie sein richtiger Name war, trifft da oben den ersten Popstar der klassischen Musik. Wie mag Wolfgang Amadeus Mozart sein *„Rock me Amadeus"* gefallen?

Das letzte Mal auf der Erde haben wir diesen Song, seinen Song, Ende 2019 von ihm live gehört, wie immer mit großem Orchester und Chor. Mr. *„Music"* John Miles, hat ihn in fast jeder "Night of the Proms" seit den 1980-er Jahren gesungen. Im Dezember 2021 ist er gestorben. Sein Hit ist unsterblich: *"Music was my first love and it would be my last."*

She's a Rainbow

Am Ende dieses Buchs zurück zum Anfang. An einem Samstagabend in den Siebzigern. Pop Shop im Radio, Frank Laufenberg am Mikrophon. Aufnahmetaste des Tonbands gedrückt. Es muss dieser Song gewesen sein, dessen Besonderheit ein durchgängiges Klavierspiel ausmacht, untypisch für die Rolling Stones: „*She is a rainbow*". Ich verpasse das Drücken der Stopptaste. Das Band läuft weiter.

Und dann folgt dieses Gedicht, das mich seitdem begleitet. Vom „literarischen" Kabarettisten aus Moers am Niederrhein, Hanns-Dieter Hüsch, den ich sogar einmal bei einem Auftritt in den Neunzigern in Neuss live gesehen habe:

„Bedenkt

Bedenkt, dass jetzt um diese Zeit, der Mond die Stadt erreicht.
Für eine kleine Ewigkeit sein Milchgebiss uns zeigt.
Bedenkt, dass hinter ihm ein Himmel ist,
den man nicht definieren kann.

Vielleicht kommt jetzt um diese Zeit
ein Mensch dort oben an.
Und umgekehrt wird jetzt vielleicht
ein Träumer in die Welt gesetzt.

215

Und manche Mutter hat erfahren,

dass ihre Kinder nicht die besten waren.

Bedenkt auch, dass ihr Wasser habt und Brot,

dass Unglück auf der Straße droht,

für die, die weder Tisch noch Stühle haben

und mit der Not die Tugend auch begraben.

Bedenkt, dass mancher sich betrinkt,

weil ihm das Leben nicht gelingt,

dass mancher lacht, weil er nicht weinen kann.

Dem einen sieht man's an, dem andern nicht.

Bedenkt, wie schnell man oft ein Urteil spricht.

Und dass gefoltert wird, das sollt ihr auch bedenken.

Gewiss ein heißes Eisen, ich wollte niemand kränken,

doch werden Bajonette jetzt gezählt und wenn eins fehlt,

es könnte einen Menschen retten,

der jetzt um diese Zeit in eurer Mitte sitzt,

von Gleichgesinnten noch geschützt.

Wenn ihr dies alles wollt bedenken,

dann will ich gern den Hut, den ich nicht habe, schwenken.

Die Frage ist, die Frage ist,

sollen wir sie lieben, diese Welt?

Sollen wir sie lieben?

Ich möchte sagen, wir wollen es üben."

Ein Gedicht, durch die Kriege in der Ukraine und im Gazastreifen beklemmend aktuell. Wir sprechen jetzt von schnellem Handeln, bei den Sanktionen und den Waffenlieferungen in die Ukraine, von finanzieller und unbürokratischer Hilfe für das Heer der Millionen Flüchtlinge. Und wir hoffen auf eine Zweistaatenlösung im Nahen Osten, mag sie zurzeit auch noch so utopisch klingen.

Der Wandel setzt sich fort und die Transformationsgeschichten gehen immer weiter, sie hören nie auf.

Wenn Hanns-Dieter Hüsch noch leben würde, hätte er vielleicht seinem Gedicht mit den ewigen menschlichen Wahrheiten diese Strophe hinzugefügt:

„Bedenkt, dass unsere Welt am seidenen Faden hängt,

der Mensch sie ins Verderben lenkt.

Üben reicht nicht mehr!

Handeln muss jetzt her!"

My Playlist 100 (Titel & Interpreten in chronologischer Reihenfolge des Buches)

1. Wonderful Life – Black
2. Home – Michael Bublé
3. My Sweet Lord – George Harrison
4. Our House – Crosby, Stills, Nash & Young
5. Working in a Coal Mine – Lee Dorsey
6. Start Me Up – The Rolling Stones
7. We are the Champions – Queen
8. Double Trouble – Eric Clapton & Steve Winwood
9. We are Family – Sister Sledge
10. I Can Hear Music – The Beach Boys
11. Young Girl – Gary Puckett & The Union Gap
12. Jesamine – Casulas
13. Fields of Gold – Sting
14. Water Under the Bridge - Adele
15. Cars and Girls – Prefab Sprout
16. School's Out – Alice Cooper
17. The Winner Takes It All – Abba
18. Space Oddity – David Bowie
19. Proud Mary – Ike and Tina Turner
20. I Got You Babe - Sunny & Cher
21. I Don' Like Mondays – The Boomtown Rats
22. Good Times – Chic
23. Learning to Fly – Tom Petty & The Heartbreakers
24. No Doubt About It – Hot Chocolate
25. Video Killed the Radio Star – The Buggles
26. Empire State of Mind (Part 2) – Alicia Keys
27. Let's Dance – David Bowie
28. Scenes From an Italian Restaurant – Billy Joel
29. Bette Davis Eyes – Kim Carnes
30. California Dreaming – The Mamas & Papas
31. Kristallnaach – BAP
32. Private Dancer – Tina Turner

33. Magic Moments – Perry Como
34. Someone Like You – Van Morrison
35. Wind of Change – Scorpions
36. The Final Countdown – Europe
37. Più Bella Cosa – Eros Ramazotti
38. Both Sides Now – Joni Mitchell
39. Miracle of Love – Eurythmics
40. The Times They Are a Changin' – Bob Dylan
41. America – Simon & Garfunkel
42. Purple Rain - Prince
43. Please Mr. Postman – The Beatles
44. Autobahn – Kraftwerk
45. Black Lives Matter – Dax
46. San Francisco – Scott McKenzie
47. Like a Rolling Stone – Bob Dylan
48. Winter Wonderland – Bing Crosby
49. Smooth Operator – Sade
50. Connection – One Republic
51. The Long and Winding Road – The Beatles
52. What A Wonderful World – Louis Armstrong
53. Voyage Voyage - Desireless
54. New Kid in Town – Eagles
55. Ticket To Ride – The Beatles
56. Born in the U.S.A. – Bruce Springsteen
57. Let It Be – The Beatles
58. Human – The Human League
59. Fast Car – Tracy Chapman
60. Fairground – Simply Red
61. Going Home: Theme of the Local Hero – Mark Knopfler
62. Ayo Technology – Milow
63. Where were You (When the Word Stopped Turning)? – Alan Jackson
64. Money for Nothing …I Want My MTV – Dire Straits
65. Hold the Line – Toto
66. Move on Up – Curtis Mayfield

67. Summer in the City – The Lovin' Spoonful
68. Jump – Van Halen
69. Price Tag – Jessie J feat. B.o.B
70. Game Changer – Leslie Clio
71. Verdamp Lang Her – BAP
72. Street Life – Randy Crawford
73. Get Down – Gilbert O'Sullivan
74. Go Now – The Moody Blues
75. Roller Coaster – Ronan Keating
76. Outside – Calvin Harris feat. Ellie Goulding
77. Murder on the Dancefloor – Sophie Ellis-Bextor
78. Advice for the Young and Heart – Tears For Fears
79. Football's Coming Home – Three Lions
80. Human – Killers
81. I've Been Searching So Long – Chicago
82. We Didn't Start the Fire – Billy Joel
83. Der Weg – Herbert Grönemeyer
84. Bitter Taste – Billy Idol
85. Another Brick in the Wall – Pink Floyd
86. I Will Survive – Gloria Gaynor
87. Money – Pink Floyd
88. Year of the Cat – Al Stewart
89. Riders on the Storm – Doors
90. American Pie – Don McLean
91. Music – John Miles
92. Get Off of My Cloud – The Rolling Stones
93. Operator – Jim Croche
94. What Have I Done to Deserve this? – Pet Shop Boys feat. Dusty Springfield
95. (They Long to be) Close to You – The Carpenters
96. Love's Theme – Barry White
97. With a Little Help From My Friends – Joe Cocker
98. Bridge Over Troubled Water – Eva Cassidy
99. Rock Me Amadeus – Falco
100. She's a Rainbow – The Rolling Stones

Seite 3: **Rose Ausländer**, deutsch- und englischsprachige Lyrikerin, geb. am 11. Mai 1901 in Czernowitz (heutige Ukraine), gestorben am 3. Januar 1988 in Düsseldorf, das Gedicht „Mein Reich" aus: „**Einen Drachen reiten**", Gedichte. Holzschnitte Alfred Pohl. Pfaffenweiler Presse, Pfaffenweiler 1980.

Seite 8: **Thomas Mann,** deutscher Schriftsteller, geb. am 6. Juni 1875 in Lübeck, gestorben am 12. August 1955 in Zürich, Literaturnobelpreis 1929, die Erzieherin Sesemie Weichbrodt sagt in Thomas Manns berühmtesten Roman „**Buddenbrooks**" zu Hanno Buddenbrook: „Sei glöcklich, du gutes Kind".

Seite 11, 18 f.: **Christian Graf von Krockow**, deutscher Politikwissenschaftler, Historiker und Schriftsteller, geb. am 26. Mai 1927 in Rumbske (Pommern), gestorben am 17. März 2002 in Hamburg, das Rezept „Stampfkartoffeln und Buttermilch" stammt aus seinem Buch „**Erinnerungen. Zu Gast in drei Welten**", Deutsche Verlagsanstalt, Stuttgart 2000.

Seite 11: **Marion Gräfin Dönhoff**, deutsche Publizistin, langjährige Mitherausgeberin der „DIE ZEIT", geb. am 2. Dezember 1909 auf Schloss Friedrichstein in Ostpreußen, gestorben am 11. März 2002 auf Schloss Crottorf bei Friesenhagen in Rheinland-Pfalz, zahlreiche Werke über ihre ostpreußische Heimat, z. B. „**Kindheit in Ostpreußen**", btb München 1998.

Seite 11: **Eduard von Keyserling**, deutscher Schriftsteller, geb. am 2. Mai 1855 in Tels-Paddern in Kurland (damals russisches Kaiserreich, heute Baltikum), gestorben am 28. September 1918 in München, sein bekanntestes Werk „**Wellen**", 1911 erstmals erschienen, SZ Bibliothek München 2004.

Seite 11 f.: **Theodor Fontane**, deutscher Schriftsteller und Journalist, geb. am 30. Dezember 1819 in Neuruppin, gestorben am 20. September 1898 in Berlin, das Zitat stammt aus Fontanes letztem Roman und Alterswerk „**Der Stechlin**“, erstmals erschienen im Verlag F. Fontane & Co., Berlin 1899.

<u>Seite 14:</u> Den Text des aus dem Psalm 46 „Gott ist unsere Zuversicht und Stärke“ entstandene protestantische Kirchenlied „**Ein feste Burg ist unser Gott**“ hat wohl Martin Luther vor 1529 geschrieben.

<u>Seite 14:</u> **Dietrich Bonhoeffer**, evangelischer Theologe und als bedeutender Vertreter der Bekennenden Kirche am deutschen Widerstand gegen das NS-Regime beteiligt, geb. am 4. Februar 1906 in Breslau und gestorben am 9. April 1945 im KZ-Flossenbürg, der zitierte Spruch gehört zu ein paar Versen, die Dietrich Bonhoeffer am 19. Dezember 1944 an seine Verlobte schrieb.

<u>Seite 15, 30 f.:</u> **Günter Grass**, deutscher Schriftsteller, Bildhauer, Maler und Graphiker, geb. am 16. Oktober 1927 in Danzig, gestorben am 13. April 2015 in Lübeck, Literaturnobelpreis 1999, das aufwändige, großformatige mit Aquarellen von Grass illustrierte Buch „**Mein Jahrhundert**“, aus dem die Geschichte aus dem Jahr 1952 stammt, ist in der 1. Auflage 1999 im Steidl Verlag, Göttingen, erschienen. Das Gedicht „**Fremdenfeindlich**“ ist in seinem letzten Buch „**Vonne Endlichkeit**“ erschienen, 2015 im Steidl Verlag, Göttingen – Das Gedicht veröffentlicht der Historiker **Andreas Kossert**, geboren 1970 in Münden, in seinem Sachbuch „**Flucht. Eine Menschheitsgeschichte**“ 2020 im Siedler Verlag.

<u>Seite 39 f.:</u> Informationen zur Erft und zur Erftflut habe ich Artikel der FAS vom 10. Januar 2020 „**Kleine Erft, was nun?**“, Autor **Reiner Burger** und der FAZ vom 17. September 2021 „**Die Unscheinbare**“, Autorin **Petra Ahne**, entnommen.

<u>Seite 45:</u> **Siegfried Lenz**, deutscher Schriftsteller, geb. am 17. März in Lyck, Ostpreußen, gestorben am 7. Oktober 2014, Der Roman „**Deutschstunde**“, Verlag Hoffmann und Campe, Erstausgabe 1968.

Seite 46 f.: **Eugen Roth**, deutscher Lyriker, geb. am 24. Januar 1895 in München und da selbst am 28. April 1976 gestorben, das zitierte Gedicht stammt aus dem Gedichtband „**Ein Mensch. Heitere Verse**", Duncker, Weimar 1935.

Seite 53 f.: Die Textbezüge sind aus einem Artikel mit der Überschrift „**Von 1972 lernen. Über den Höhepunkt der Moderne**", erschienen in der FAS vom 2. Januar 2022 und geschrieben von **Niklas Maak.**

Seite 55 f.: **Ludwig Thoma**, deutscher Schriftsteller und Rechtsanwalt, geb. am 21. Januar 1867 in Oberammergau, gestorben am 26. August 1921 in Tegernsee, als Vorlage diente das Buch „**Ein Münchener im Himmel**" eine Geschichte von Ludwig Thoma nach der Conférence von **Adolf Gondrell**, erschienen 1965 in der Schloendorn Verlags-GmbH, München.

Seite 57: Information aus dem Buch „**Betriebswirte aus Köln 1947 - 1987**", erschienen 1987 im Wison Verlag in Köln.

Seite 60 f.: **Wolf Wondratschek**, deutscher Schriftsteller, geb. am 14. August 1943 in Rudolstadt, Das Gedicht „Ein Montag ist die Bundeswehr" stammt aus dem Buch „**Früher begann der Tag mit einer Schusswunde**", München 1969.

Seite 81 ff.: **Heinrich Böll**, deutscher Schriftsteller, geb. am 21. Dezember 2017 in Köln, gestorben am 16. Juli 1985 in Kreuzau-Langenbroich, Literaturnobelpreis 1972, die Kurzgeschichte „**An der Brücke**", veröffentlicht in „**Erzählungen**", Verlag Kiepenheuer & Witsch, 2006 in Köln, die Erzählung „**Die verlorene Ehre der Katharina Blum**" erschien erstmalig 1974 im Verlag Kiepenheuer & Witsch in Köln.

Seite 81 ff., 126, 179, 206 f.: **Wolfgang Niedecken**, deutscher Musiker, Maler und Autor, geb. am 30. März 1951 in Köln, über sein Gespräch mit Heinrich Böll berichtet er in seiner

Autobiographie „**Für'ne Moment**", 4. Auflage, erschienen 2011 im Verlag Hoffmann & Campe, Hamburg.

Seite 85 f.: **Art Fry**, US-amerikanischer Erfinder und Wissenschaftler, geb. am 19. August 1931 in Owatonna, Minnesota, die Zitate sind übernommen aus „**Art Fry: Post-it Note Inventor**" vom 14. April 2014, veröffentlicht vom Lemelson Center for the "**Study of Invention and Innovation**".

Seite 88: **Hermann Hesse**, deutsch-schweizerischer Schriftsteller, Dichter und Maler, geb. am 2. Juli 1877 in Calw, gestorben am 9. August 1962 in Montagnola (Schweiz), 1946 Literaturnobelpreisträger, das Zitat stammt aus der Erzählung „**Narziß und Goldmund**", Sechster Band der Jubiläumsausgabe zum hundertsten Geburtstag, 1977 Suhrkamp Verlag, Frankfurt/Main.

Seite 93: **Ricardo Ehrman**, italienischer Journalist, an seinem Todestag, den 15.12.2021, erinnert **Alfons Kaiser** in einem Artikel der FAZ an Ricardo Ehrman, der die historische Schabowski Frage stellte.

Seite 94 f.: Zitat aus der Neuss-Grevenbroicher Zeitung (NGZ) vom 3. Mai 1990 „**Gedränge zwischen Druck und Papier**" von **Friedhelm Ruf.**

Seite 123 f.: Übersetzt aus einem Artikel von „**MidwestLiving**" mit dem Titel „**Minnesota's North Shore Driving Tour**", Verlag Meredith Home Group 2017.

Seite 125 ff.: **Bob Dylan**, geb. am 25. Mai 1941 in Duluth (Minnesota) als Robert Allen Zimmerman, Auszüge aus seiner Autobiographie „**Chronicles**", Vol. 1, Taschenbuch, Verlag Kiepenheuer & Witsch 2008, Köln.

Seite 132: **Robert Habeck**, Wirtschafts- und Klimaminister, im Interview mit der FAS am 19.12.2021.

Seite 147, 214: **Paul McCartney**, geb. am 18. Juni 1942 in Liverpool, Zitat aus seinem Doppelband **Lyrics**, erschienen im Verlag C.H.Beck, München 2021.

Seite 148 f., 152: **William T. Monohan**, CEO der Imation, Zitate aus seinem Buch „**Billion Dollar Turnaround“**, The Oaklea Press, Richmond, Virginia 2005.

Seite 163 f.: **Stefan Aust**, deutscher Journalist, geb. am 1. Juli 1946 in Hamburg, zitiert aus seiner Autobiographie „**Zeitreise**“, veröffentlicht 2021 im Piperverlag, München.

Seite 169 f.: Zitat aus der Neuss-Grevenbroicher Zeitung (NGZ) vom 25. August 2006 „**Speicher-Detektive und Daten-Retter**“ von **Frank Kirschstein.**

Seite 204: Die Zitate zur Popmusik stammen aus dem Buch „**Drop like it's hot – 33 (fast) perfekte Popsongs**“, herausgegeben von **Uwe Ebbinghaus** und **Jan Wiele**, 2022 im Philipp Reclam jun. Verlag, Ditzingen.

Seite 207 f.: Informationen aus einem Fanbericht zur Wall-Tour von **Pink Floyd** vom Konzert in der Dortmunder Westfalenhalle am 14. Februar 1981 von der Homepage „**Pulse & Spirit Pink Floyd Fanbasis**“.

Seite 210: Informationen zum Musikmarkt aus einem Artikel der FAZ vom 17. Dezember 2021 „**Katalog an Sony verkauft, Bruce Springsteen toppt Bob Dylan**“ von **Benjamin Fischer.**

Seite 213: Zitiert aus dem Buch „**Die 70er – Der Sound eines Jahrzehnts**“ von **Ernst Hofacker**, 2020 Philipp Reclam jun. Verlag, Ditzingen.

Seite 215 ff.: **Hanns-Dieter Hüsch**, deutscher Kabarettist, Schriftsteller und Liedermacher, geb. am 6. Mai 1925 in Moers, gestorben am 6. Dezember 2005 in Werfen, das zitierte Gedicht stammt aus dem Buch „**Das Schwere leicht gesagt**", Spektrum Bd. 4274, Verlag Herder, Freiburg 1994.

Ergänzende Daten zu Personen und Sachverhalten habe ich aus Wikipedia entnommen.

Bildnachweise

Leider habe ich nicht von allen Bildern die Rechteinhaber ausfindig machen können.

Die Fotos des Covers stammen aus einer kostenlosen Bilddatei.

Die Abbildung mit dem Verlauf der Erft (Seite 39), von mir ergänzt durch einige Ortsnamen, stammt aus dem Artikel der FAZ „Kleine Erft – was nun?" vom 10. Januar 2020.

Die Abbildung über den Musikmarkt in 2021 (Seite 209) ist eine Graphik von der Homepage des Bundesverbands Musikindustrie e.V. und GfK Entertainment.

Alle weiteren Abbildungen im Fließtext kommen aus privaten und entsprechend belegten Quellen.